藍學堂

學習・奇趣・輕鬆讀

インプット・アウトプットが10倍になる
読書の方程式

商業書10倍高效閱讀法

這樣選書、讀書、用書最有效率

羽田康祐 k_bird —— 著　張萍 —— 譯

讀觀點　找準則　變成自己的能力

S × R = A

INPUT　OUTPUT

商業書10倍高效閱讀法　目次

推薦序　本書是上手商業書的最佳利器　單小懿　006
好評讚譽　009
前言　讓一本商業書發揮多倍效果的超級閱讀術　010
本書商業書的閱讀方法①「閱讀方程式」概要
本書商業書的閱讀方法②　比起閱讀量，學習量更重要

第一章　商業書是加速個人成長的引擎

為什麼一定要閱讀商業書？

閱讀商業書，學習「系統化的知識」　025
網路文章資訊會在消費後告終／何謂系統性的理解？／從理解知識到理解關係

閱讀商業書，學會「解釋力」　031
資訊氾濫時代的兩大副作用／何謂「解釋力」？／「知識」正因了解「背景」後而生

閱讀商業書，培養「思考力」　037
所謂思考力並非「頭腦的好壞問題」，而是「能否善用大腦」／學會思考力的四種閱讀方法

閱讀商業書，養成「應用力」　046
兩大產出觀點／十項全能者的大腦使用法／擴大「學習」的應用範圍廣度

閱讀商業書是「對未來的投資」 057
消費與投資的差異何在？／從商業書獲得一輩子受益的能力／閱讀商業書能減少生命的浪費

第二章　十倍閱讀的四大原則

比起「閱讀量」，「學習的量」更重要　十倍閱讀的四大原則之一 065
比起速讀與廣泛閱讀，從每單位時間、從每一頁所能學習到的量更重要／從商業書中獲得超過一〇〇%的知識

比起「流動的資訊」，「儲存的資訊」更重要　十倍閱讀的四大原則之二 068
「儲存的資訊」價值不滅／把「儲存的資訊」組合成有用的準則

進行「讀觀點」與「找準則」的兩次閱讀　十倍閱讀的四大原則之三 071
為什麼必須分兩次閱讀？／為了避免注意力發散

在同個領域進行「固定主題式閱讀」　十倍閱讀的四大原則之四 074
藉由「固定主題式閱讀」，提升記憶效率與閱讀速度
「固定主題式閱讀」較易增加觀點與準則／「固定主題式閱讀」能讓知識系統化

第三章　能增加觀點的「讀觀點」十倍閱讀〔前篇〕

「觀點」為什麼重要？ 082
「觀點」是思考的起跑點／「觀點」決定了你能看到的世界／「觀點」決定「議題」
「觀點」可產生「其他選項」／「觀點」可排除「卡關」
「觀點」可產生「0↓1」／用嶄新的「觀點」重新區隔

從商業書發現「觀點」　「讀觀點」步驟一　099
讀觀點　實際案例一／讀觀點　實際案例二／讀觀點　實際案例三
將「發現的觀點」抽象化、重新整理　「讀觀點」步驟二　108
將「觀點」替換成更抽象的「概念」〈1〉／將「觀點」替換成更抽象的「概念」〈2〉
藉由「讀觀點」獲得五花八門的「觀點」　119
我從「讀觀點」獲得的重要「觀點」

第四章　可擴充準則的「找準則」　十倍閱讀〔後篇〕

「準則」為什麼重要？　133
「準則」決定了「應該如何思考」／為了命中假說，儲存「準則」
「準則」可活用於「解決問題」／「準則」可運用於「架構」
「找準則」的兩個步驟　142
找準則　實際案例一／找準則　實際案例二
從本書「找準則」中，獲得的「三十八條準則」　157

第五章　十倍閱讀的產出方法

產出的四步驟
將手寫筆記轉記到筆記APP　「產出」步驟一　166
建立「觀點、準則列表」／「觀點、準則列表」的四個優點

進行情境模擬練習並運用於日常工作　「產出」步驟二　176
將「觀點」或「準則」具體落實在實務上
改變組織的力量　「產出」步驟三　182
「產出」最初的目的是？／從「對方回推」的觀點來產出／學習金字塔
與社會共享　「產出」步驟四　192
提高個人產出的影響力／十倍閱讀的多樣產出園地／提高個人市場價值的產出

第六章　預防期待落空！　十倍閱讀選書術

選擇商業書的三觀點　198
不想閱讀商業書的原因？／為了什麼讀商業書？　Why的觀點
應該閱讀什麼主題的商業書？　What的觀點／如何選商業書比較好？　How的觀點
善用網路書店選書的五步驟　215
查詢「暢銷排行榜」　步驟一／查詢「人氣禮品排行榜」　步驟二
查詢「出版年分」　步驟三／查詢「顧客評鑑」的五星評分　步驟四
查詢「顧客評鑑」的評論內容　步驟五
商業書選書專用的「商業技巧地圖」　226
思考力　商業技巧地圖的第一層／實務技巧　商業技巧地圖的第二層
專家技巧　商業技巧地圖的第三層／專業技巧　商業技巧地圖的第四層

後記　成長與腦袋好無關　247
參考文獻　252

推薦序

本書是上手商業書的最佳利器

單小懿

父親在我五歲時去世，母親身為職業婦女負擔家計，平常由祖母照料我。由於我是獨生女，加上讀私立小學，生活作息和鄰居玩伴不一致，從小我就有很多獨處的時間。

獨處的時候，老三台的時代也沒電視節目可看，只能看我媽買給我的故事書，看了一盒又一盒、一套又一套，看完沒書看便去翻父親留下來的舊書，看不懂翻翻也解悶。可以說閱讀是我最早、也是最老的朋友，它不只是興趣，老早成為我的一部分——所謂「一部分」，意思是書與我之間沒有隔閡，反而有種親切感。

進入職場後，成為記者的第一天起，閱讀這位老友一分為二，一個是陪我長大的親密老友；一個是工作上的最佳戰友，這位戰友就是「商業書」。特別是進入《商業周刊》，如果不額外吸收商業知識，很快便會面臨不知道寫什麼、甚至不知道要採訪什麼的窘境，在短時間內要吸收知識、同時產製知識，好處是你會被逼得快速成長，壞處就留給各位自己想像。

我在《商業周刊》的第一個國際採訪，是到美國加州採訪債券天王葛洛斯（Bill Gross），當時他是全球最大債券基金的操盤手，但資料卻屈指可數、而且重複，人都到了加州，採訪愈來愈近，仍然沒有把握。當時我靈機一動，到附近的圖書館去找資料，竟然找到一本他的自述，談他的投資邏輯、成長背景和思考脈絡，我花了兩整天K完這本書，梳理出更有感、更深入的問題，才圓滿完成這趟採訪。那兩整天緊繃的壓力和專注，連我考大專聯考都沒那麼認真。

後來商業書讀久了，終於摸出它自成一格的套路：重視定義、原則、推論、歸納，以及觀點的陳述。我得說在摸清楚這些套路之前，真是繳很多學費，包括買錯書、花過多的時間確認內容是否有用，還會一窩蜂趕流行，結果根本派不上用場。

這本《商業書10倍高效閱讀法》就是讓我們更容易上手商業書的利器，對作者而言，讀商業書等同於學習系統性思考，一旦掌握了商業書的系統架構，找出核心所在（亦即觀點），就等於掌握這本書的知識點，可以在最短時間內快速吸收。當初在加州如果我讀過這本書，鐵定不會「壓力山大」，時間分配更有效率。

身為一個閱讀人，有《商業書10倍高效閱讀法》的工具書的確讓閱讀更有效、更好用，不過讀完之餘仍然忍不住提醒各位，閱讀最重要目的還是用知識解決問題的樂趣，掌握工具是一種手段，而不是目的，透過閱讀得到解謎的樂趣、得到成長的樂趣、得到賺錢的樂趣、得到殺時間的樂趣，什麼樂趣都可以，但是一定要能解決問題，並且得到正向回饋。幾年前特別流行讓企業家曝光閱讀習慣，那時候採訪到某某企業家，他一個月閱讀幾十本書，車上、房間、辦公室到處都是書，就給他按讚大心好棒棒。然後幾年後驚覺，某家下市的公司正是這位企業家所創辦，這不是天大的笑話嗎？他的書讀去哪裡了？

換言之，就算採用《商業書10倍高效閱讀法》照表操課，讀出最多觀點和找出最多準則，如果就到此為止，你的閱讀旅程只算走了一半，請務必要讓其中的知識為你解決問題，得到樂趣、快感，這個旅程才算完成。

我深信英國哲學家培根（Francis Bacon）所言：「知識就是力量」，而閱讀便是開啟力量的鑰匙，讓我們轉動鑰匙，讓原力覺醒，成為舉起地球的人。

（本文作者為《商業周刊》副總主筆）

好評讚譽

你覺得讀書的目標是什麼？是為了考試？是為了讓自己知道的比別人多？是為了升遷？還為了心靈充實、滿足？這些都是對的，每個人讀書的目標都不同，沒有標準的答案，但最後都有一個共同點「產出」，產出自己的想法、做法、行動、感受等。《商業書10倍高效閱讀法》就是幫助你深化學習的過程，增加「觀點」與「準則」，讓一本書不再只是一本書，運用系統性的做法，讓知識為你所用。

——鄭俊德／閱讀人社群主編

前言　讓一本商業書發揮多倍效果的超級閱讀術

☆閱讀商業書的目的＝增加「觀點」與「準則」

我想先問問此時翻開本書的你，覺得「閱讀商業書的目的」是什麼呢？或許你會列舉出以下幾種目的：

- 學習商業素養。
- 取得最新資訊或知識。
- 汲取作者的know-how或方法論。

我們的確可從商業書中，學習作者的見解與人生經驗、培養商業素養。而且，若想取得ＡＩ、物聯網或數位轉型等商業相關最新知識時，商業書往往也能助我們一臂之力。

再者，商業書通常是作者根據過往經驗，將一些know-how系統化，藉此幫助讀者提升商務成功機率或降低失敗機率，可以說是鼓舞人心的存在。

如前所述，翻閱商業書時，大家往往帶有不同的目的與運用方法，這其實並沒有所謂的對錯。在此，本書想從另一個角度提出「閱讀商業書的目的」，如下表示。

閱讀商業書的目的＝增加自己的「觀點」與「準則」

我突然提到「觀點」或「準則」，或許會令人感到有些不知所措。

然而，我可以篤定地告訴各位，「觀點」或「準則」對許多商務人士而言，都是非常重要的思維。

因為「觀點」與「準則」可以寫成以下的方程式。

應該思考什麼？（觀點）×應該如何思考？（準則）＝個人獨特的結論

人必須透過觀點去思考事物。也就是說，如果自己沒有掌握某些「觀點」，人們並無法明確地告訴自己：「應該思考什麼」，甚至無法站在思考事物的起始點上。

另一方面，就算擁有這些「觀點」，卻無法依循該觀點，得知「應該如何思考比較好」的話，思路往往會卡住，最終還是無法得出結論。

然而，如果能夠知道許多「在這種情況下→容易變成這樣」、「在這種時候→這樣比較好」等的「準則」，一旦遇到思路卡關，應該就能帶來很大的助益。

僅擁有單一觀點或準則，就只能夠產生一種答案或假設。這樣一來，在面對變化劇烈的商務情境時，往往無法有效預測未來、臨機應變。

本書將從商業書中，找出作者的觀點，整理為「讀觀點」，再將尋找準則的內容統整為「找準則」，並且解說如何將這兩者儲存在大腦中。

講到這裡，各位或許還沒有打開任督二脈的感覺，到了第三、四章，我們還會更詳細地解說這兩種閱讀術。

☆ 商業書如何有助於儲存「觀點」或「準則」呢？

然而，各位一定會提出以下這樣的疑問？

商業書如何有助於儲存「觀點」或「準則」？

許多商業書的內容都是大量灌注作者本身過去經歷的職場人生經驗。其中必定包含作者本身對於事物的見解（觀點）或know-how（準則）。

既然是商務人士，在職場遇見的人當然不會固定。如果在「相同的業界」、「相同的企業」、「相同的職場」中，每天遇到「相同的同事」，容易喪失人際關係的多樣性，因而容易固著於僵固的「觀點」，從中獲得的準則也有限。

再者，近年遠距辦公的比例變得相當高，因此可當面遇到「能帶給我不同觀點的人」或「具有跟我不同準則的人」，並能向他們學習的頻率應該也會隨之下降。

然而，只要有商業書，就能夠主動獲取個人不足的「嶄新觀點」或「準則」。只需要新台幣幾百元就可吸收，作者耗費數年、數十年所累積的「觀點」或「準則」，難道不是CP值很高的投資嗎？

懂得在商業書的閱讀方法上下工夫，依循作者的「觀點」或「準則」，善用作者的商務經驗，即可將作者的職涯轉化為自己的囊中物。

☆ 改變自己與組織能力的「十倍閱讀」建議

市面上充斥著各種「閱讀術的相關書籍」。就忙碌的商務人士而言，最受歡迎的技能莫過於「速讀」或「廣泛閱讀」。

在「速讀」方面，目前已知的方式有「像拍照般把書本資訊、輸入大腦的速讀術」，或者是「藉由鍛鍊眼球運動，在一定時間內閱讀大量文字的速讀術」等。

然而，我對於這類速讀方法持保留態度。因為，這並非能真正理解商業書內容的閱讀方法。

比方說，在我比較專精的行銷領域中，有一個名詞叫做「品牌資產」（Brand Equity，進行品牌管理，使之成為未來能夠產生利益的資產）。

如果不了解「品牌資產」的意義，只是用類似拍照的方式，把文字資訊輸入大腦，或者是以快速轉動眼球的方式去閱讀，這樣根本無法理解「品牌資產」代表的真正意義，應該也沒辦法掌握本商業書的內涵。

這樣一來，在真正的意義下，談不上是「閱讀完畢」。

再者，我印象中一些建議「廣泛閱讀」的書籍，經常會出現如下的文字內容：

- 商業書中，最重要的內容不過只占兩成，只要讀那兩成就夠了。
- 只讀那兩成的話，一本書只需要三十分鐘左右就能夠閱讀完畢。
- 這樣一來，就可廣泛閱讀。

然而，這類型書籍的作者，毫無例外幾乎都是每月閱讀三十本以上商業書的「讀書猛將」。

可是，包含我在內的商業書讀者，應該都只是一般商務人士。講白一點，每個月要閱讀三十本，光是考量購書費用，實際上並非輕鬆辦得到。

因此，本書自始至終重視的是，「在閱讀時間內所能學習到的量」。

閱讀商業書最重要的並非「速讀」、「廣泛閱讀」等「手段」。如果用足球來比喻的話，就是「快速奔跑」、「大量踢球」。然而，這些即使是手段，也並非目的。足球的最終目的是「在有限的時間內，盡可能得最多分」。

本書依循此道，因此重視：「如何在有限的閱讀時間內，盡量最大化學習量？」更極端一點的說法是，就算每一小時只能讀一頁，只要能夠從中學習到十倍的知識量那便足矣。

「閱讀商業書能提高生產力」並非由「可閱讀多少本商業書」來決定，而是奠基於「在閱讀時間內，所能學習到的量有多少」。

根據這個想法，我將本書所闡述、剖析的閱讀術稱為「十倍閱讀」。

☆本書架構

以下說明本書架構。

在第一章中，我會告訴讀者，在網路文章氾濫的時代下，「為什麼反而應該閱讀商業書」。

或許有些讀者會說：「非常不能夠理解閱讀商業書的好處何在。」然而，如果各位能理解閱讀商業書的意義，應該就能夠提升閱讀動機。或者是，當面對員工的疑問：「為什麼一定要讀商業書」時，我們可以用言語表達「正是因為讀了商業書，才能得到更深入學問」的真實情況，就能確切說明閱讀商業書的優點。

在第二章中，我會說明大家執行「讀觀點」或「找準則」時，極為重要的四大原則。

如同前述，本書會提出稍微不同的「商業書閱讀方法」。在具體理解「讀觀點」或「找準則」的閱讀方法之前，會讓各位先理解「十倍閱讀的四大原則」，再讓各位明確理解這兩種不同閱讀方法的意義。

第三章會跟各位解釋下列方程式的前半部，也就是「讀觀點」的具體執行方法。

應該思考什麼？（觀點）×應該如何思考？（準則）＝個人獨特的結論

這並非單純背誦商業書的內容，而是去尋找商業書中所撰寫的「觀點」，再將該「觀點」抽象化，即可擴大為數倍的產出。

第四章會解說關於方程式的後半部——「找準則」的具體實踐方法。提供尋找「只要那樣做→就容易變成這樣」的「準則」技巧。

如果可以預先儲存許多「準則」，就能運用適當的「準則」，處理當下發生的狀況，就有辦法在瞬間導出「一針見血」的假設。即便沒有實際經驗，也可以針對個別現象找出其中的準則性、進行相關預測。

第五章中，我會闡述如何產出，運用「十倍閱讀」學習到的「觀點」或「準則」。

要能夠將所學順利產出，必須要符合以下兩個重要條件。

- 可學習到「有用程度」的高度。
- 可學習到「應用範圍」的廣度。

我們將告訴各位如何一邊留意這兩個條件，同時把「十倍閱讀」轉化為自己的能力、改變組織，甚至是改變社會的力量。

最後在第六章，我會解釋選擇優質商業書的方法。

不僅是商業書，我們在許多書籍上，都會遇到「不付錢之前，無法得知書籍的內容或程度」這種「必須花錢買經驗」的典型問題。如此一來，如果選書時，沒有特別注意、多多少少都會發生「跟自己原本想像的內容不同」、「跟自己要求的程度相異」等「所託非人」的情形。

各位只要閱讀第六章，應該就能夠大幅降低這種所託非人的情形。

總之，本書內容與坊間其他各種閱讀術書籍所提出的主張，以及從中所能夠獲得的技巧應該大相逕庭。期望本書能對各位帶來一定的價值。

請各位務必透過本書找到過去未能留意到、屬於您個人獨特的「觀點」或「準則」，若能對您工作上有所助益，就最好不過了。

本書商業書的閱讀方法 ①

「閱讀方程式」概要

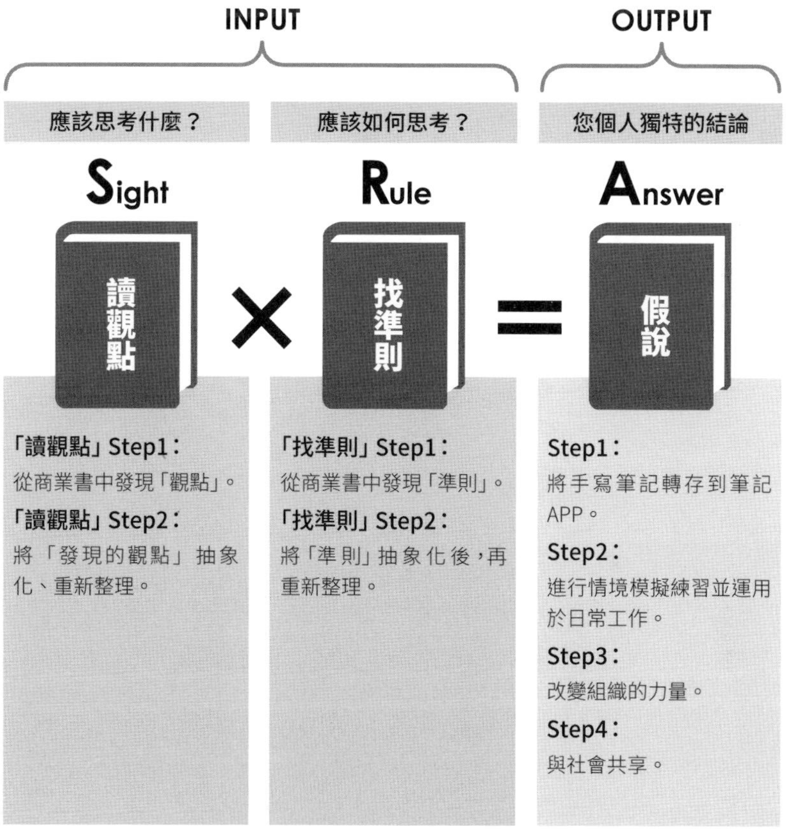
INPUT
OUTPUT
應該思考什麼？
應該如何思考？
您個人獨特的結論
Sight
Rule
Answer
讀觀點
×
找準則
=
假說
「讀觀點」Step1：
從商業書中發現「觀點」。
「讀觀點」Step2：
將「發現的觀點」抽象化、重新整理。
「找準則」Step1：
從商業書中發現「準則」。
「找準則」Step2：
將「準則」抽象化後，再重新整理。
Step1：
將手寫筆記轉存到筆記APP。
Step2：
進行情境模擬練習並運用於日常工作。
Step3：
改變組織的力量。
Step4：
與社會共享。

本書商業書的閱讀方法②

比起閱讀量，學習量更重要

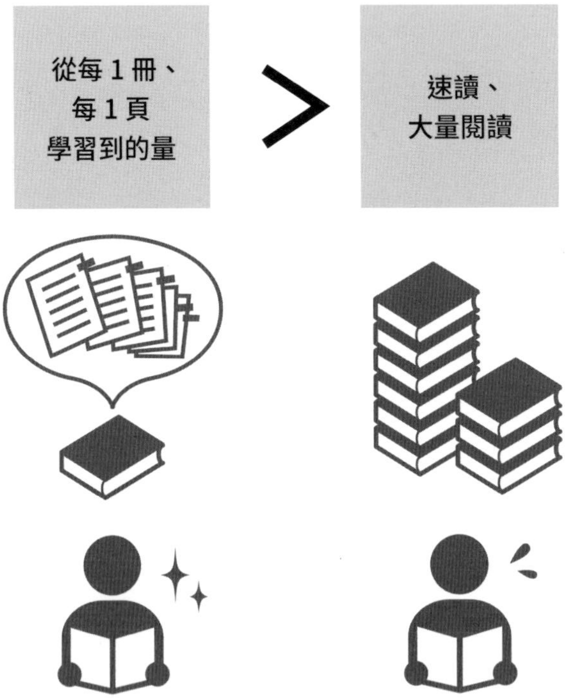

第一章

商業書是加速個人成長的引擎

為什麼一定要閱讀商業書？

最近經常聽到「現在是智慧型手機的時代，只要搜尋就能獲得資訊」、「網路文章充斥，現在根本不會想再去讀什麼商業書」。

倘若你是主管，年輕的部屬詢問你「為什麼一定要讀商業書」、「為什麼網路文章的知識不能信」時，你會怎麼回答？如果覺得自己「無法回答得很好」，那麼請繼續閱讀本章節。

這是個智慧型手機不離身的時代。只要在Google輸入關鍵字，就可以快速搜尋有用的資訊。

我們試著搜尋商學院常見的必要商業領域關鍵字，結果出現了以下的搜尋件數。

- 經營管理策略：約104,000,000件
- 財務會計：約25,900,000件
- 管理會計：約85,900,000件
- 財務：約47,100,000件
- 人力資源管理：約171,000,000件

- 組織行為：約187,000,000件
- 行銷：約191,000,000件

根據以上件數，乍看的確會覺得「我們完全能在網路中獲得有用的資訊」。

另一方面，認為「閱讀很重要」的人，依然會說「只有讀書才能夠深入學習」。

然而，如果是面對打從一開始就接觸智慧型手機的「智慧手機原生族」（Smart Phone Native）世代，而非使用摺疊型手機的人，對他們訴說「只有讀書才能深入學習」，恐怕顯得過於矯情、無法觸動人心。

那麼，絕對無法從網路文章中獲得、「只有靠讀書才能夠深入學習」的真正意義是什麼呢？

我認為可以歸納為以下五點。

- 學習「系統化的知識」
- 學會「解釋力」
- 培養「思考力」
- 養成「應用力」

● 是「對未來的投資」

上述五種能力都是希望能加速自身成長，極為重要的學習。接下來就讓我們一一說明學習的理由吧！

閱讀商業書，學習「系統化的知識」

網路文章資訊會在消費後告終

網路文章與商業書最大的不同點，在於「知識是否經過系統的彙整」。最近大家都努力將大部分網路文章的長度，調整至透過智慧型手機閱讀，可以在三分鐘左右零碎時間內讀完的程度。字數約為兩千到五千字。

因為如果不這樣做，網頁就不會顯示在Google搜尋結果的前幾名。如果沒辦法位於搜尋結果的前幾位，人們就無法透過搜尋找到那篇文章。這麼一來，那篇文章的瀏覽次數就無法增加。

再者，若瀏覽次數沒增加，就不會有人看到頁面張貼的網路廣告，而網站營運者便無法獲得廣告收入。此外，甚至連頁面商品也都無法銷售出去，不是嗎？

從類似上述製作端的考量可以知道，許多網路文章為了要提升Google搜尋結果的顯示位置，大家就容易「把資訊整理到很簡單」。

事實上，我過去也曾投稿至商業相關的網路媒體，寫了五千字，結果對方卻說「字數太多」，並且要求我把文字刪減到一半以下的二千字……這意味著從「網路文章閱讀者」的角度來看，能獲得的知識將會非常淺薄且片段。

再者，傾向閱讀網路文章的讀者，也因為利用「零碎時間」、閱讀「三分鐘短文」、「用手邊的智慧型手機快速搜尋」，而在態度上比較輕鬆隨興，因而失去了「咀嚼」知識、「發現觀點或準則」、「期望對個人未來有助益」的積極態度。

也就是說，在當下「消費」完網路文章後，一切就結束了。

何謂系統性的理解？

另一方面，商業書是網羅單一主題，深入挖掘、彙整，讓大家能夠系統性的理解相關知識。

那麼，能夠「系統性的理解」知識，可以帶來什麼好處呢？

所謂「系統性的理解」就是「將片段知識的關連性串連起來、理解」。分解、整理這些關連性後，就可以達成以下兩點目標。

- 知識
- 知識之間的關聯

也就是說，想要系統性的理解事物，「光是理解知識」是不夠的，「理解知識之間的關聯」更為重要。

比方說，在商務世界裡，有所謂的「3C」架構（思考架構）。3C是指考量「商務成功關鍵」時，「分別以三大觀點思考」的架構：

Customer：市場
Competitor：競爭者
Company：自家公司

然而，如果是單純依賴網路文章，沒有習慣去系統性理解知識的人，就只能夠將「3個C」當成個別的事物、片段地去掌握。

因此，他們往往會陷入「收集市場資訊」、「收集競爭對手資訊」、「收集自家公司資訊」……然後不知道接下來要怎麼辦的狀態。也就是說，不論到哪裡都無法把自己從「整理片段資訊」的狀態中，抽離出來。

另一方面，透過商業書、學習「養成知識系統化習慣」的人，如果覺得對於個別條件的理解不足，就可以再聚焦於探討「3個C的關連性」（圖1）。

比方說，以下這樣的口訣。

Customer（＝市場）與Company（＝自家公司）的關連性：自家公司鎖定的是哪一個市場？

Customer（＝市場）與Competitor（＝競爭者）的關連性：競爭對手鎖定的是哪一個市場？

Company（＝自家公司）與Competitor（＝競爭者）的關連性：相對於競爭對手，自家公司的優勢何在？

Customer（＝市場）、Company（＝自家公司）與Competitor（＝競爭者）的關連性：自家公司對於哪個市場，應該要以什麼優勢來競爭會比較恰當？

圖 1　系統性的理解架構

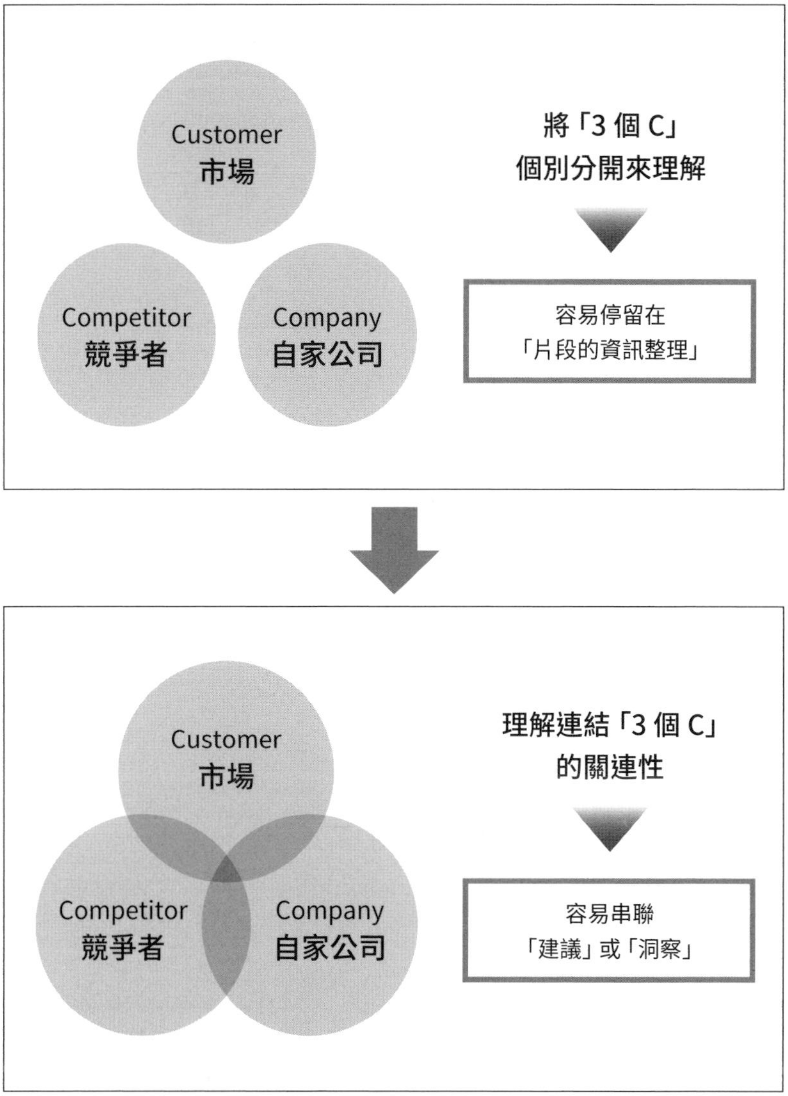
Customer
市場
Competitor
競爭者
Company
自家公司
將「3 個 C」
個別分開來理解
容易停留在
「片段的資訊整理」
Customer
市場
Competitor
競爭者
Company
自家公司
理解連結「3 個 C」
的關連性
容易串聯
「建議」或「洞察」

在商務的世界裡，3C以外還有各式各樣的架構存在。

然而，人們經常掉入「雖然知道各種架構，卻無法運用」的窘境，原因是我們只能片段地擷取架構中的各個要素，「無法系統性的理解」。

從理解知識到理解關係

如果只能夠片段地理解知識，那就和「背書」一樣，無法妥善運用書籍。

所以，重點不僅是要「理解知識」，還要能理解知識與知識之間的關係。「理解關係」後，即可進入「系統性的理解」，超越背書，才能活用。

大部分商業書，平均一本字數約為八到十二萬字。只要擁有這樣的分量，內容通常不會過於片段，而且幾乎所有的商業書都會系統性的彙整資料。

如果你不只是想要獲得「知識」，也希望學習「知識運用的能力」，那麼閱讀已經「將知識系統化」的商業書，應該能成為加速你成長的引擎。

閱讀商業書，學會「解釋力」

資訊氾濫時代的兩大副作用

接著，讓我們來談談「解釋力」。

當今社會資訊科技如此發達，各式各樣的知識與資訊如洪水氾濫般湧入。從「獲得知識與資訊」的角度來看，這的確相當便利。然而，相反地，我認為這種狀態持續下去，恐怕會出現兩種副作用。

第一種副作用是難以區分知識與資訊本身的差異。現下，「任何人」、「隨時」、「隨地」都可取得許多知識與資訊。結果反而變得難以單純找出「擁有知識與資訊」本身的價值。第二種副作用是，「知識與資訊流動的速度」往往壓得我們喘不過氣來，因此難以逐一「解釋」。

很多讀者使用新聞或短文收集、短文儲存等的APP，來收集許多知識或資訊。

但是，知識與資訊是以加速度在成長的，人們光是要「追尋知識或資訊」就得拚了命地追尋，根本無暇顧及「仔細解釋」。想必很多人都有這種感覺吧！

然而，正因我們身處於此時代，若能適切地解釋知識或資訊，轉化成個人原創的「智慧」，就可加速成長。想要學會這種「解釋力」，就需要透過閱讀商業書。

何謂「解釋力」？

那麼，「解釋力」究竟是什麼呢？學會「解釋力」，又能具有怎樣的優勢呢？我先跟各位說明「解釋力的真實樣貌」吧！

假設現在眼前有件T恤。從你眼中看出去的是「眼前有一件T恤」的訊息。

如果，這件T恤被放在生產工場內的話，你會如何解釋這件T恤呢？你一定會解釋「這是從工場製造出來的東西」，並且把它理解成「產品」吧！

那麼，假使這件T恤出現在服裝零售商的倉庫裡，又是怎麼樣呢？我們會解釋該件T恤是「尚未販售出去的東西」，應該近似於「庫存」。

假如該件T恤陳列在店頭，它就變成「商品」；只要你穿上它，那就意味著

「時尚」；如果把它放進洗衣機，它就成了「待洗的髒衣服」；如果拿它來擦拭走廊，就變成了「抹布」。如果把它丟入垃圾場，那應該又會成為「可燃垃圾」。

各位或許會覺得「這些都理所當然」，然而，重點是「其實T恤本身根本完全沒有改變」。

T恤本身明明沒有任何改變，卻會因為身處狀態的不同，而在意義上有所變化。這究竟是怎麼一回事呢？

其實這只是因為放置T恤的「背景」改變了。

也就是說，資訊或知識會隨著對照、比較的「背景」不同，而在解讀或相關意義上的解釋上產生差異。

我再用其他案例來說明吧！

有個資訊顯示「本公司產品的銷售額，比前一年提高五％」。當你聽聞這個資訊時，應該感到開心嗎？還是要覺得難過呢？

事實上，僅有這樣的資訊並無法判斷。因為只有「銷售額比前一年提升五％」的資訊，卻沒有「相對應的背景」，因此無法適當解讀。

如果該商品的市場規模已經成長了一〇％，結果卻聽到「銷售額比前一年提升五％」的資訊，其實這代表的是「市占率下降」，應該要覺得難過吧！

圖2 資訊的意義會隨著「背景」改變

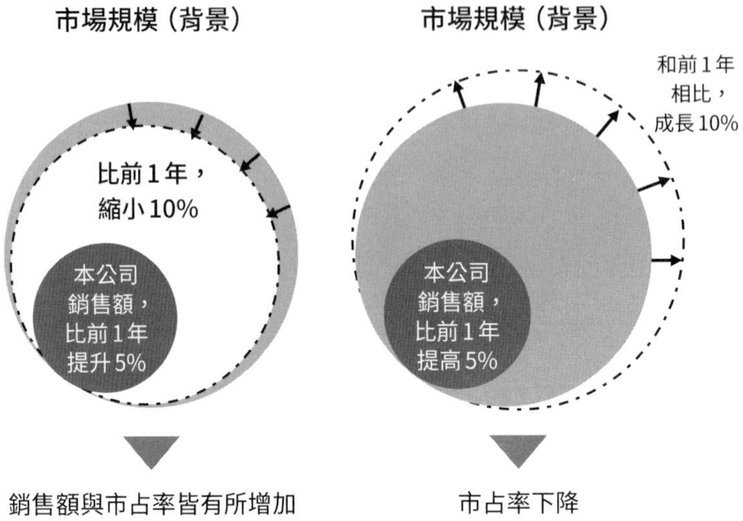

相反地，假如該商品的市場規模縮小一〇%，則表示「銷售額與市占率皆有所增加」，應該要感到開心（圖2）。

就如同這樣，不論得到任何資訊，都必須先比對包圍該資訊的「背景」，才能夠正確解讀、找出真正的含義。

既然如此，「解釋力」的必要條件與其說是「獲取資訊或知識的能力」，更重要的應該可說是「可看出比對基礎背景的能力」。

「知識」正因了解「背景」後而生

「解釋力」在商界至關重要。

年輕商務人士有時會把在網路上看到的商業理論直接強押給他人，惹人生厭。只把目光放在「商業理論」此「知識」上，卻沒找出符合「能夠對應商務現場」的背景，就會在解釋或意義對照上出現落差，進而陷入「為什麼這麼突然」、「論述是否偏頗」的狀態。

商場上不存在相同的情況。如果不具備能夠理解當時「背景」的「知識」，就無法產生可應用於現場的解釋或發生無法互相了解彼此意思的情況。

如同先前的T恤案例，就算明明被陳列在店內，但是如果不了解背景就會被說成「可燃垃圾」。

關於解釋力，讓我們整理一下截至目前為止的內容，即可得到以下的方程式。

知識力×可找出比對基礎背景的能力＝解釋力

承前所述，網路文章通常只會介紹簡短的知識，因此解讀時並不要求「可找出比對基礎背景的能力」。如此一來，大家就難以獲得學習「解釋力」的機會。

另一方面，商業書裡則充滿了「背景」。

每本商業書都一定有「主題」，並且會寫明「為什麼該主題如此重要」的背景。比方說「作者簡歷」、「作者目的」、「作者意圖」、「作者價值觀」、「時代背景」等。閱讀時，只要比對「作者的觀點」、「know-how」、「主張」等，即可學習到「解釋力」。

如果擔心的是「我那麼努力了，卻總是空轉」、「總是被人說很白目」等，那麼我們要學習的不僅是「知識」，而是要養成「找出比對基礎背景能力」的閱讀方法會更有價值。

閱讀商業書，培養「思考力」

所謂思考力並非「頭腦的好壞問題」，而是「能否善用大腦」

我在二十多歲時曾待在廣告界，三十多歲涉足外商諮詢顧問公司，四十多歲時又回到廣告產業。

經歷過上述的職涯歷程，我因此有機會與各式各樣的人接觸，發現「不善於思考的人」往往具有以下傾向。

- 不知道到底「該思考什麼比較恰當」。
- 不知道「該如何思考」。

這其實就是我們在〈前言〉時所提出的「觀點」與「準則」。請各位再次回想以下的方程式。

應該思考什麼？（觀點）×應該如何思考？（準則）＝個人獨特的結論

許多人都想獲得能夠提升能力的知識。然而，「知識」其實是「已經存在於這個世界的東西」，不過是「和古人借用的東西」。而且，它們還會隨著時間經過而變得更加古老。

另一方面，「個人獨特的結論」則是「活用於未來」。你所提出的「結論」具原創性，難以普及於世，也不會輕易過時。

思考力並非由「頭腦好壞」這種先天差異所決定。

倒不如說這是「使用頭腦方法厲害與否」的問題，「使用大腦方法」的問題並非由與生俱來的才能所決定，而是可以透過反覆操作、每個人都能夠後天練就的能力。

我絕對無法被歸類為「頭腦聰明」的族群。因此，剛出社會時，只能仰賴工作準則手冊。到了二十五歲左右，我開始注意到「『頭腦使用方法』的重要性」，在外商諮詢顧問公司、廣告公司時期所累積的工作經驗也讓我學習到一定程度的思考力。

因為這點很重要，所以我重複提及。

所謂「思考力」並非先天「頭腦好壞」的問題，而是「頭腦使用方法」的問題。而且，「頭腦的使用方法」是任何人隨時都可以在後天學會的。

而最有效的方法就是閱讀商業書。

學會思考力的四種閱讀方法

到此處為止，我們已經談論過「知識的系統化」與「知識的解釋力」等內容。

然而，我們希望透過閱讀商業書，達成「知識的系統化」或「知識的解釋力」的目的，但可惜的是這樣做無法提升思考力。

這又是為什麼呢？因為「知識的系統化」或「知識的解釋力」是以「知識」為起點。

寫在商業書中的「知識」在出版的時間點，就已經成為「希望大家都能知道的事實」。而該「知識」愈是對人有助益，愈可快速流傳於世、晉升成為「大家都知道的知識」。也就是說，那些知識無法成為原創的武器。

在商場上，有句話說「不要成為潮流的奴隸，要當潮流的創造者」，僅能「獲取知識」的閱讀方法稍嫌可惜，思考力才可掌握「由某人創造潮流」的精髓。

人類往往因為「自己能設想到的思考範圍」，而設限了自己的行為。

對許多商務人士而言，必須理解的知識量相當龐大，如果只是仰賴他人給予的知識，那麼對方就會成為自己的限制。

為了脫離那種狀態並學會「思考力」，請務必閱讀時，留心以下四種行為。

①抱持著懷疑來閱讀。
②留意視角、立場、觀點的差異來閱讀。
③關注時間流來閱讀。
④追蹤思考程序來閱讀。

以下，就讓我來一一說明。

①抱持著懷疑來閱讀

閱讀商業書，如果只是囫圇吞棗，那就只不過在「資訊收集」或「獲取知識」。這和「背書」沒兩樣，由於沒有伴隨「思考」這項工作，所以根本無法學到思考力。

閱讀商業書時，最重要的是要一邊閱讀一邊拋出「為什麼」、「真的嗎」、「除此之外呢」等的疑問。如果只是帶著「原來如此啊」這種簡短、武斷式地直接吸收，認為「那些事情本來就理所應當」，而不帶任何質疑地一直閱讀下去，就永遠不會啟動思考力。

也就是說，連要開始思考事物的出發點都沒站上去。

要特別注意的是，看了商業書後用「執念」或「斷定」去處理所發現的事物，會讓思考停滯。

「執念」或「斷定」會妨礙「抱持懷疑」，進而阻礙思考力的提升。

相反地，「抱持著懷疑」是以客觀的角度去看待事物，從各式各樣的觀點去檢視、讓頭腦運轉，能成為增加「觀點」的契機。

或許，有些人會覺得這麼做無濟於事、過於麻煩。

然而，讓我們針對商業書出現的主張，養成嘗試思考「為什麼」「還有呢」的習慣吧！即使只是透過「是否對事物比較不在意」或「是否被執念所困、是否思考停滯」的疑問來確認。

②留意視角、立場、觀點的差異來閱讀

商業書作者與讀者兩者在「視角的廣度」上應該有所差異。只要閱讀時留意「視角的廣度差異」，那本商業書應該就能擴展你的思考範圍。

此外，留意「立場高度」的差異也能讓我們學習到很多。思考該商業書作者是站在什麼立場下筆撰寫的呢？是出於經營管理的立場？是商務現場的角度？或者是從廣大的社會立場？還是，從市場競爭的立場出發？日文經常提及「鳥眼」、「蟻眼」，表示即使觀看同樣的事物，也會因為立場的差異而導致結論不同。閱讀時留心「立場的差異」，應該也有助於鍛鍊思考力。

再者，閱讀時關心「觀點的角度」，也可提升你看世界的解析度。比方說，同樣是以「管理」為主題，該書的脈絡是「經營管理者的觀點」、「中階管理職的觀點」、「顧問的觀點」，還是「創作者的觀點」等，從不同的角度去看同一個主題，應該會產生很大的不同（圖3）。

不論原本是多麼抽象的概念，當我們擁有較多的觀點後，事情的輪廓就會變得更加清楚、解析度也會因此提升。

再者，「觀點的多寡」能夠讓我們的思考有彈性，有時候還能激發好點子、有助於規避風險。

圖 3　當視角、立場、觀點改變，就會看到不同的世界

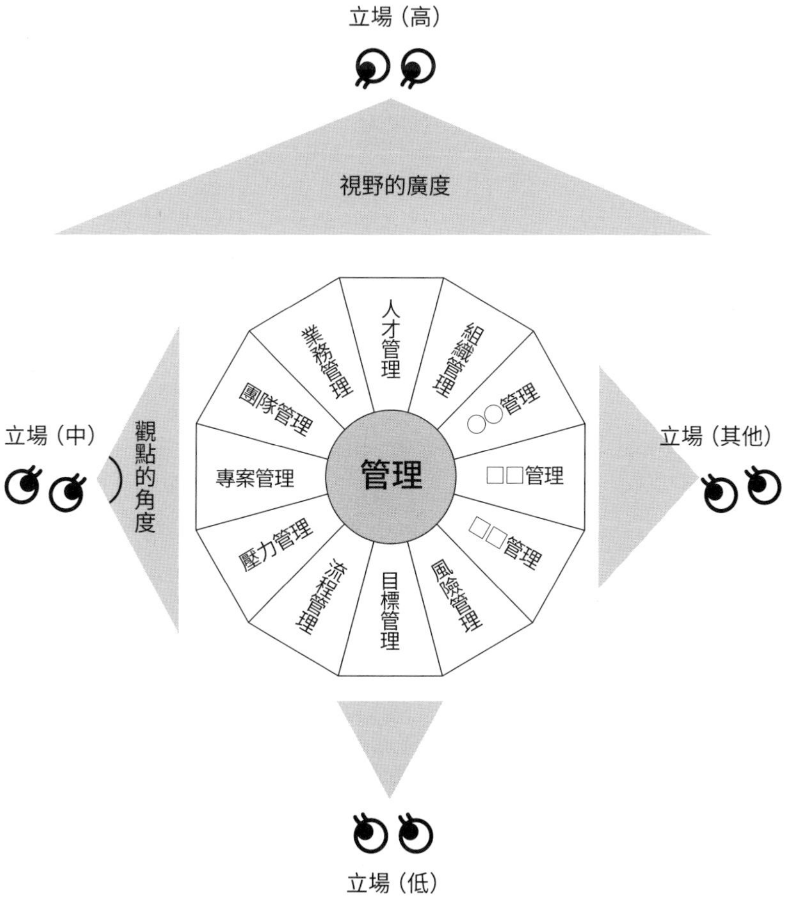

閱讀商業書時，留意到「觀點的差異」，就能夠將許多觀點儲存在自己心中。這個方法我們會在第三章中詳細說明。

③關注時間流來閱讀

世間萬物都有「過去」、「現在」、「未來」的時間流，時間流逝存在著會改變與不變的事物。

作者在商業書開展的主張，究竟是否具備時光流逝也不會改變的本質？還是是順應現今潮流所產生的趨勢？又或者，其中是否暗示著接下來會發生巨大變化的前兆或轉折點（Turning Point）呢？

閱讀時如果能關注「時間流動」，就會注意到「長期觀點」與「短期觀點」兩種「連接與斷開」的狀態，我們就能夠藉此獲取「閱讀未來的思考力」。

④追蹤思考程序來閱讀

商業書的作者是如何來來回回地思考、貼近重要的事物本質？

所謂的事物本質是指在該領域當中相當關鍵、應用範圍較廣的內容。

而且，重點是不能「囫圇吞棗、一口氣吞下」作者提出的獨創、逼近的本質，而是要嘗試追蹤作者逼近本質前的思考程序。

在提出任何結論之前都有程序存在。如果能針對該程序往返思考，轉換為個人的智慧，即可獲得再現性較高的思考程序。這便符合本書所謂的「準則」。

只要透過商業書，養成「儲存準則」的習慣，即可超越「資訊」或「知識」，導引出個人專屬的結論。

這和把自己從「尋找正確答案」轉換為「創造正確答案」是一樣的，簡直就是「鍛鍊思考力閱讀」的成果。

關於「準則的儲存方法」，我會在第四章中詳細說明。

閱讀商業書，養成「應用力」

兩大產出觀點

坊間關於閱讀術的書籍幾乎毫無例外都在闡述「產出」的重要。

然而，從另一方面來看，想必有些人會覺得「自己雖然知道，但總是無法如預期般產出」吧？

不論閱讀商業書與否，你想容易地產出學習到的東西，以下兩觀點是必要的。

- 可學習到的「有用程度的高度」。
- 可學習到的「應用範圍的廣度」。

圖 4　何謂與產出連結的學習

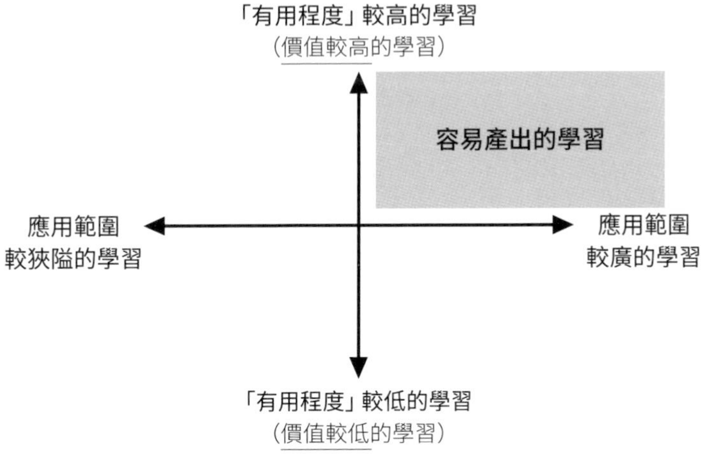

其中，「有用程度高度」的部分取決於商業書的內容；「應用範圍廣度」則可以根據閱讀的方法加以擴大（圖 4）。

世界上存在「不論做任何事情都很優秀的人」。在你的人生際遇當中，應該遇過以下這種人吧？

他們能快速理解各種事物，即使是自己不熟悉的領域，只稍加說明即可「大致理解」。也就是「舉一反三」，不論請他們做任何事情，都能順利完成。

那麼，那些「十項全能者」的真實樣貌究竟為何？他們和「普通人」的差異之處究竟何在？

其實差別在於「是否擁有應用力」。所謂「應用力」是指「利用已經獲取的知識，應用至其他事物的能力」。

「抽象化、準則化」↓以「具體化」方式學習「應用力」。

學習應用力必須透過商業書，學會「抽象化、準則化↓具體化」的大腦使用法。然而，突然說要「抽象化、準則化」、「具體化」，恐怕在概念上會很難理解，讓我舉個具體案例來說明。

十項全能者的大腦使用法

比方說，某本書的內容寫到以下這個段落。

> 在一堆人亂丟垃圾的地方，即使立了「禁止亂丟垃圾的告示牌」也不會減少大家亂丟垃圾的情形發生。
>
> 但是，如果是在亂丟垃圾的地方放上一尊「地藏菩薩」，亂丟垃圾的情形則會大幅降低。

大部分讀者讀到這段文章，可能只會想「這真是聰明的想法呢」，然後就將其拋諸腦後了吧。也就是說，大家只是把「亂丟垃圾的事件」當成「發生在當時、當場的個別事件」，然後看完就此打住了。

然而，如果是「不論做任何事情都很優秀的人」讀到這段文章，他們通常會去思考「以下是否能替換為可以更廣泛應用的『概念』」。

即使立了「禁止亂丟垃圾的告示牌」↓也不會減少大家亂丟垃圾。

針對這個「當時」、「當下」、「個別的事件」，透過大腦替換為如下的「普遍的準則」。

單方面強制規定↓人們不會對他人言聽計從。
強力規定沒有罰則的規定↓人們不會對他人言聽計從。

這就是稱為「抽象化、準則化」的大腦使用方法（亦稱為「概念化」）。

此外，

放一尊「地藏菩薩」→亂丟垃圾的情形降低了。

這個事實也可以以「能否置換成可以更廣泛應用的『概念』」和「抽象化、準則化」思考，就能夠替換成下述的「普遍的準則」。

人一旦感到不舒服→人就會中止行為。
若能引發自發性的情緒→人們就願意傾聽。

當我們將這些「個別且具體的事件」置換成可以廣泛應用的「概念」，即可進行「抽象化、準則化」，擴大學習的應用範圍。比方說，這個準則：

若能引發自發性的情緒→人們就願意傾聽。

或許可以應用在企業經營上。

激起大家對願景的共鳴→從業人員就願意努力。

此外，這個準則似乎也可以應用在團隊經營上，舉例如下：

如果透過大家合作來實踐管理→團隊成員就願意付出努力。

如上述，將一旦抽象化、形成「準則」的概念應用到其他領域，再具體呈現出來就稱為「具體化」。

回頭看會發現，最初「垃圾場的告示牌」只不過是個別、具體的事件，卻可以透過以下的程序，將學習的應用範圍擴大成好幾倍。

①**抽象化、準則化**：建立可以將個別且具體事物廣泛應用的「概念」，以及「在這種時候→這樣比較好」的準則。

②**具體化**：將該準則應用到其他事件上。

這就是「可以順利將所學產出」、「不論做任何事情都很優秀的人」，他們大腦使用方法的真相。

擴大「學習」的應用範圍廣度

為了讓各位能夠更加理解，我再舉其他例子來說明。某本書中提及以下內容。

給兩個小朋友買了「一盒五顆蘋果」當禮物。兩個小朋友該怎麼分「五顆蘋果」比較恰當呢？

照理來說，正確答案應該是每個小朋友先各分兩顆蘋果，剩下一顆對半切開、均分。

然而，那本書卻給出了以下的解答範例。

將五顆蘋果一起放入果汁機，打成果汁後均分給兩個小朋友。

看到這裡，如果只說：「原來如此啊！還有這種做法啊！」那麼當然無法培養「應用力」。

這時候請務必將「打成果汁後，均分給兩個小朋友」這句個別且具體的內容抽象化，再試著置替成「可以廣泛應用的『概念』」。

許多人遇到這種文章，往往會無意識、先入為主地認為「必須直接將蘋果以固體分配才行」。然而，如果能夠試著去懷疑先入為主的觀念，思考：「一定要將蘋果以固體分配嗎？」就比較容易導引出「打成果汁後、均分給兩個小朋友」的答案。

既然如此，我們把「打成果汁後、均分給兩個小朋友」的內容轉換成可以廣泛應用的「概念」時，或許就能導出如下的準則。

質疑先入為主的觀念→比較容易產生絕妙的想法。

像這樣將「個別且具體的話語」加以抽象化、準則化，即可擴大「產出的應用範圍」。

假如你是出版社編輯，對先入為主的觀念有所懷疑：

書＝讀物。

將上述發想成：

書＝不拿來讀也沒關係的東西。

或許就會浮現出以下這些想法：

想法①：用來裝飾房間的書。

想法②：單面替換成像筆記本般的白紙，變成可以自由書寫的書。

假如，你負責飯店的形象開發，對先入為主的觀念保持懷疑：

飯店＝靜謐的場所。

將上述內容發想成：

飯店＝並不安靜也沒關係的場所。或許就會浮現出以下這些想法：

想法：館內有運動健身房的飯店。

假如，你在自行車製造商工作，質疑先入為主的觀念：

自行車＝可以讓移動變輕鬆的物品。

或許會產生下述的發想：

自行車＝沒讓移動變輕鬆也沒關係的物品

或許就會浮現出以下這些想法：

想法：故意加重腳踏板，變成在平日購物也可以健身的健身車。

先不論這些想法的好與壞，重點是透過「抽象化、準則化↓具體化」的路徑，可以將學習的產出擴展、跨界到其他領域。

詢問到目前為止接觸的「概念」時，或許會出現「曖昧的東西」、「覺得漠不關心的東西」、「沒用的東西」等的印象。然而，脫離那些「個別且具體的事件」等特殊事件後，重新修正為「應用範圍更為廣泛的『概念』」，將其「準則化」，即可擴大應用範圍。

然後，接下來再將這些「準則」放在各種領域且使之具體化，讓這些事物能夠落實在個人所及範圍的真實事物上，那麼產出的範圍就會更廣大。

因為很重要，所以我反覆提醒，「將所學順利產出的容易度」會由以下兩點來決定。

- 可學習到的「有用程度的高度」
- 可學習到的「應用範圍的廣度」

其中，為了「擴大應用範圍」的重點是必須將商業書提及的個別具體案例進行「抽象化、準則化→具體化」。

關於抽象化的具體執行方法，我們會在第三與第四章中詳細說明。

閱讀商業書是「對未來的投資」

消費與投資的差異何在？

在此先冒昧提問，你有辦法向他人說明「消費」與「投資」的差別嗎？所謂「消費」是指「使用後會消失的事物」。

典型的例子像「花錢」、「用瓦斯」、「買飲料後，喝光飲料」等，也就是「當場就會消耗掉、不會留下任何東西」。

另一方面，所謂「投資」是指「投入金錢或時間，期待未來的收益」。例如：「投資股票」、「投資外匯」、「投資虛擬貨幣」等可以期待未來的收益。

我把閱讀商業書當成「投資」，而非「消費」，而且認為書籍和股票、外幣、虛擬貨幣等相比較，是「極為有利的投資」。何以見得呢？

從商業書獲得一輩子受益的能力

我之所以認為「閱讀商業書＝有利投資」的第一個理由是，閱讀商業書可以得到「觀點」或「準則」等「對一輩子有助益的東西」，而非取得資訊或知識這種「獲得即腐敗的東西」。

如前所述，既然資訊或知識是「已經存在的東西」，那麼就只是「過去的東西」。如果這些資訊、知識很有助益，往往會立刻通行於全世界，成為「眾所周知的資訊、知識」。也就是說，它們的價值會立刻貶值。

在此，我希望各位能回想前述關於「消費」的定義。

所謂的消費是指「使用後會消失的事物」。也就是說，我們如果追求「價值會立刻消滅的事物」，等於在追尋「使用後會消失的事物」，就如同不斷踩踏自行車踏板，才能維持平衡。這會陷入「勞而少功」的狀態。

另一方面，如果能夠從商業書中獲得許多「觀點」或「準則」，這些就會成為對你一輩子有助益的「假說力」或「想法力」等的「能力」。

這就是「閱讀商業書＝投資」，「投入金錢或時間，預期未來的收益」的理由。

瀏覽網路文章或許可以「迅速」入手表面資訊或知識。

然而，除了你以外，其他人也可以利用同樣的方式獲得，所以這單純只是取得資訊或知識，並無法成為原創的競爭力。因為能夠用三分鐘取得的競爭力，也就是三分鐘就能夠被模仿的競爭力。

另一方面，因為透過商業書所能獲得的是「系統化的能力」、「解釋力」、「思考力」等「能力」，建立起來需要耗費一定的時間。然而，一旦能建立將會成為自己長期的競爭力。

因為如果耗費三年才能學會這些能力，等於是你比其他人提早三年擁有這些競爭力。

從經營管理資源來看，「土地」、「建築物」、「有價証券」等「肉眼可見的資產」，只要競爭企業願意出錢就可買到。亦即，這些是「可以輕鬆模仿的資產」。然而，「願景」、「組織文化」、「品牌」、「組織know-how」等「肉眼看不見的資產」則是競爭企業無法輕易模仿、完全複製的資產。

如前所述，只要適切閱讀商業書，就可獲得「難以被模仿」、「可以長期維持」的競爭力。這就是我認為「只要閱讀商業書，能獲得助益一輩子」的理由。

「消費」從網路文章取得的資訊或知識，當下你可能覺得有幫助，但結果是什麼都沒留下來。

請務必將閱讀商業書當成「投資」，請將閱讀與自己個人一輩子的競爭力連結在一起。

閱讀商業書能減少生命的浪費

我認為「閱讀商業書＝有利投資」的第二個理由是，大家可以在短時間內獲取成功人士經年累月習得的「觀點」或「準則」。

開展任何新事物時，你認為從「一張白紙」開始，還是「預先在腦海中輸入過成功或失敗模式再開始」會比較有利呢？

當然，如果能事先知道「成功模式」或「失敗模式」，就可在最短的時間內找到成功的捷徑、減少不必要的錯誤嘗試、節省龐大的時間。這件事只要藉由一本約新台幣三百元的商業書就得以實現。

如果這世上沒有商業書，我們想要取得成功人士的「觀點」或「know-how」就必須直接與對方接觸、請對方撥空與自己見面才行。

然而，只要有商業書，我們就可以跨越空間或時間的限制，取得成功人士的思維。即使是海外成功人士的know-how，甚至是古人的真知灼見也都唾手可得。

只要入手一本新台幣約三百元的商業書籍，即可獲得當事人必須歷經流汗、流血般折騰才得以累積而成的know-how。世上哪裡還有如此高CP值的投資呢？

在凡事講求快速的現代生活中，「時間」是稀缺且有限的財產。將寶貴的時間耗費在無謂的錯誤嘗試，實在是非常浪費。

在此，請想像一下「沙漏」。在閱讀本書的瞬間，你的剩餘時間也如這沙漏般一點一滴流逝了，而且總有一天會流光。

既然如此，在面對「未知」、「不解」時，完全從零開始思考就只是讓沙漏無謂地大幅度流逝而已。

雖然，透過閱讀商業書能像成功人士學習但無法大幅降低沙漏的流速，可是應該可以在短時間內達到想要的成果。這也意味著閱讀商業書是「對時間的投資」。

第二章

十倍閱讀的四大原則

接下來第二章開始，我們要來談談本書的主題——「十倍閱讀」。在此，請各位再次回想以下的方程式。

應該思考什麼？（觀點）×應該如何思考？（準則）＝個人獨特的結論

- 增加個人觀點中的「讀觀點」。
- 增加個人準則中的「找準則」。

在說明這些之前，先來說明「十倍閱讀的四大原則」。

第一章中，我們發現掌握事物的方法如果是「個別的」、「發散的」、「片段的」，就無法系統性的理解且效果也很有限。

關於「十倍閱讀」，在進行個別的閱讀方法之前，請先預先理解相當於「十倍閱讀」大致框架的「四大原則」，有助於明確掌握各個閱讀方法的意義，並且更容易一一理解。

比起「閱讀量」，「學習的量」更重要

十倍閱讀的四大原則之一

比起速讀與廣泛閱讀，從每單位時間、從每一頁所能學習到的量更重要

「十倍閱讀」的目的並非「大量閱讀商業書」或「快速閱讀」，而是「在閱讀時間最大化能學習到的量」。這也是我們將其命名為「十倍閱讀」的理由。

閱讀術相關的書籍多主張「商業書中最重要的內容不過只占兩成。因此，只要閱讀最重要的兩成，即可快速、大量閱讀」。然而，這個思考方式中有兩點讓我覺得不太對。

第一個怪怪的是它把「快速、大量閱讀」本身當成目的。我們在〈前言〉中曾提到，如果用踢足球來比喻閱讀的話，快速、大量閱讀就是「快速奔跑」、「大量踢球」。然而，這些都只是「手段」，而非「目的」。

閱讀商業書的最終目的在於「大量學習」，因此如果沒有快速閱讀或大量閱讀，能夠最大化「每單位時間內閱讀商業書的學習量」，那也無所謂。

舉例來說，就算透過速讀或廣泛閱讀而讀了十本書，卻沒有從中學習到任何東西，那等同於在浪費時間。

另一方面，請各位理解「十倍閱讀」的基本立場是「讀一本書也沒關係，在有限的閱讀時間內獲得十倍的學習量」。

從商業書中獲得超過一〇〇%的知識

接著，我覺得不太妥的第二部分是「商業書中最重要的內容不過只占兩成」這個觀點，它的前提便假設了「將能在商業書中學習到的內容上限設為一〇〇%」。

從商業書所能學到的內容上限真的是一〇〇%嗎？

的確，針對商業書，如果是以「獲得資訊」、「取得知識」的角度出發，跳過不閱讀作者的自言自語、回憶，或者說明或案例等，或許真的只需要閱讀那「重要的兩成內容」即可。

然而，如果只是想要「獲得資訊」、「取得知識」，那就打開智慧型手機用網路搜尋就好了。只是為了獲得什麼資訊或知識，根本沒有必要付出新台幣三百元去買一本商業書。

如果你購買一本商業書，而「重要的內容不過只占兩成」，那本商業書的價值只不過是三百元×二〇％＝六十元而已。這可以說是投資報酬率非常差的一種閱讀方法呢！

「十倍閱讀」重視的是讓學習上限達到一〇〇％「以上」。

看到此處，各位或許還無法反應過來，只要你閱讀到第三章～第五章，應該就能理解其中的理由。

總之，閱讀商業書最重要的並不是「抓出最重要的兩成內容，快速、大量的閱讀」，而是「要在有限的閱讀時間內，獲得超過十倍的學習量」。

比起「流動的資訊」，「儲存的資訊」更重要

十倍閱讀的四大原則之二

「儲存的資訊」價值不滅

世界上充斥著兩種不同種類的資訊，分別是「流動的資訊」與「儲存的資訊」。

「流動的資訊」是指會流逝的資訊，請想像那些「在時間軸上流逝而去的新聞」。你的社群媒體帳號上，每天都會有各式各樣的新聞在不停輪播！這些新聞幾乎不會停留在你我眼中，應該只在時間軸上一閃而逝。

另一方面，所謂「儲存的資訊」則是指會帶給你「思考契機」的資訊。

比方說，「獨特的觀點」、「普遍的準則」等，透過思考過濾器，可能有機會發展成「自己專屬競爭力」的資訊。

「流動的資訊」的價值，如果以新聞為代表，就是「最新的事物」，那麼「儲存

的資訊」的價值則潛藏著「即使跨越時代或領域，也不會改變的準則」中。

「流動的資訊」隨時間流逝而削減價值。換句話說，就是「會被消耗的資訊」。

然而，「儲存的資訊」卻潛藏著「即使跨越時代或領域，也不會改變的準則」，因此價值永遠不會削減。

也就是說，透過商業書等方式，增加接觸「儲存資訊」的時間長度，就能夠在個人大腦中累積「即使跨越時代或領域，也不會改變的準則」。

只要自己累積「即使跨越時代或領域，也不會改變的準則」，一旦眼前發生了什麼事情，就能夠套用那些，快速導引出高品質的答案。

這就是思考力的源頭，也就是街頭巷尾俗稱的「假說力」。

也就是說，下述能夠迅速提高我們的思考力。

儲存的資訊×來回思考×累積（時間）

把「儲存的資訊」組合成有用的準則

這樣說恐怕會讓各位誤解，不過我認為所謂時間就是一種累積，所謂累積即是時間。

也就是說，如果將商業書放在身邊，以「即使跨越時代或領域，也不會改變的準則」來深度思考與閱讀，只要累積一定的時間就會產生改變，比起那些沒有這樣做的人，就可能擁有壓倒性的競爭力。

再者，如果增加個人獨有的「準則的儲存（累積）」，再與「其他儲存的準則」互相組合搭配，就能夠產生更多創新的智慧。

大家應該聽過有人說「創新只不過是將既有的智慧重新組合」吧！

理論上，「智慧的組合模式」有很多種。只要能夠聰明組合搭配，所產生的智慧數量就會以乘法倍增。

只要學會「十倍閱讀」，就可以磨練思考力，產出未曾出現的發想。這樣一來，你的購書費用應該就會從「消費」轉變為「投資」。

進行「讀觀點」與「找準則」的兩次閱讀

十倍閱讀的四大原則之三

為什麼必須分兩次閱讀？

「十倍閱讀」的第三個原則是要將一本商業書分別以「讀觀點」與「找準則」來閱讀，共讀兩次。

第一次：一邊尋找作者的「觀點」、一邊閱讀的「讀觀點」。
第二次：一邊發現作者預設的「準則」、一邊閱讀的「找準則」。

為什麼必須分成兩次閱讀呢？
我就來說明一下理由吧！

我們能夠從「十倍閱讀」學習到的東西有以下兩種。

觀點：要思考什麼？

準則：如何思考？

然而，如果你想要閱讀一次就全部學到，結果會往往什麼都沒學到。

比方說，請想像自己在跟某人玩傳接球。如果將注意力集中在對方投過來的球上，應該可以輕鬆接到球。然而，如果對方一次投了兩顆球過來，我們的注意力就會被分散在兩顆球上，「結果一顆球都接不到」。

為了避免注意力發散

根據某項大腦科學的研究結果，顯示人類大腦無法同時進行兩件以上的事情。許多人稱為的「多工（同時處理）」，實際上只是「任務切換（短時間下的思考切換）」，然而任務切換卻會讓思考的生產力降低四成。

此外，即使在閱讀過程中，你想同時切換「觀點」與「準則」不同的主題，不論如何專注，你的注意力都會在切換的時間點下降。一旦專注力被切斷，人類要重新回到專注狀態需要二十三分鐘，這實在相當耗時。

因此，與其貪婪地想透過一次閱讀，一網打盡「觀點」與「準則」，倒不如分別聚焦在「觀點就是觀點」、「準則就是準則」，針對個別主題進行閱讀才能夠在不發散注意力的狀態下，有效學習。

基於上述理由，在「十倍閱讀」上，我建議閱讀一本商業書應該要分別進行「讀觀點」、「找準則」的「兩次閱讀」。

在同個領域進行「固定主題式閱讀」

十倍閱讀的四大原則之四

藉由「固定主題式閱讀」，提升記憶效率與閱讀速度

進行「十倍閱讀」時，我建議依照各個主題訂定「○○期間」，然後在同個領域固定主題式的閱讀。

比方說，建立這樣的閱讀要點：「這三個月是思考力的閱讀期間」、「接下來三個月是會計與財務的閱讀期間」、「再過三個月後是行銷閱讀期間」。

如果可以在一定期間內，針對「相同領域的商業書」進行固定主題式閱讀，即使不小心忘記的內容也可以輕鬆回想起來，提升閱讀的記憶效率。

在心理學世界，有個理論叫做「艾賓浩斯遺忘曲線」（圖5）。我們經常聽到「人類會在X天後，忘記Y%的事情」的「遺忘率理論」。

圖 5　艾賓浩斯遺忘曲線

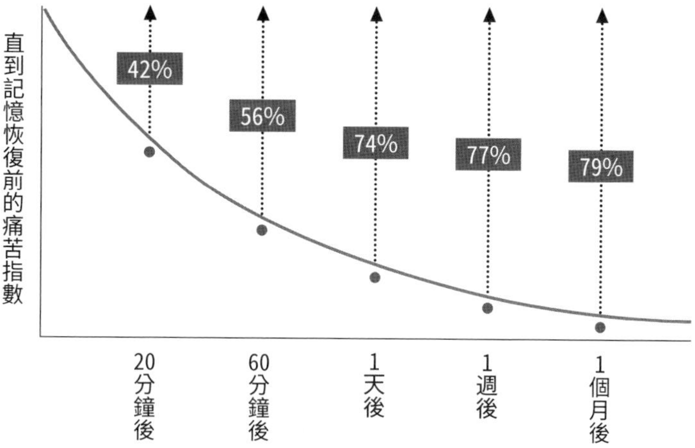

然而，這裡大家往往誤解，所謂「艾賓浩斯遺忘曲線」並不是「用來顯示容易遺忘程度的曲線」，而是「拿來表示直到完全恢復記憶為止的痛苦指數曲線」。也就是說，這可以用來表示「恢復記憶的痛苦指數」。

根據艾賓浩斯遺忘曲線，隨著不同時間別的流逝，「直到記憶再次恢復前的痛苦指數」如下。

- 二十分鐘後，直到記憶再次完全恢復前的痛苦指數約為四二％。
- 六十分鐘後，直到記憶再次完全恢復前的痛苦指數約為五六％。

- 一天後，直到記憶再次完全恢復前的痛苦指數約為七四％。
- 一週後，直到記憶再次完全恢復前的痛苦指數約為七七％。
- 一個月後，直到記憶再次完全恢復前的痛苦指數約為七九％。

看到這些數據，當然可以理解人類隨著時間流逝，再次記起回憶的痛苦指數跟著上升。

然而，如果你「固定在同一個領域，進行固定主題式閱讀」，就會變成是「在短期間內、複習同領域內容」的狀態，因此跟完全其他時期的閱讀相較，記憶效率更高。也就是說，更容易記住商業書中撰寫的內容。

此外，透過同領域的固定主題式閱讀，即可戲劇性的降低「再度恢復記憶前的痛苦指數」，提升閱讀速度。換言之，即使不懂速讀術或廣泛閱讀術，也能夠自然而然、閱讀大量商業書。

「固定主題式閱讀」較易增加觀點與準則

再者，在一定期間內，以固定主題式的閱讀方式閱讀「同一領域的商業書」，就算每本書的作者不同，也可以從中發現共通的主張。

「共通的主張」是指不同作者、卻都同樣觸及一致的內容，並且該背景中隱藏著「絕對無法欠缺的重要本質」。

只要能夠在同一領域進行固定主題式閱讀、著眼於該共通點，就能夠發現該領域中的重要「觀點」或「準則」。

另一方面，即使是相同領域的商業書，由於作者不同，還是可能會在主張上有所「差異」。

所謂的「差異」是指不同作者在「觀點」或「判斷（準則）」上的差異，意指作者獨有的原創想法。

進行同一領域的固定主題式閱讀，應該能明確顯示「觀點」或「準則」的差異、擴大你的視角。

「固定主題式閱讀」能讓知識系統化

「同一領域的固定主題式閱讀」，在幫助知識系統化上極為有效。

比方說，你可以建立一定的「思考力閱讀期間」，並且把「邏輯思考書籍」與

「水平思考（Lateral Thinking）書籍」當成固定主題式閱讀的一環。

關於邏輯思考的書籍應該都會撰寫以下相關內容。

所謂的邏輯思考，是指系統的整理事物，思考時條理分明、毫無矛盾的一種思考方法。

另一方面，在水平思考的相關書籍中，往往會出現下列內容。

所謂水平思考，是指「不論在任何前提條件下、都不會被支配的自由思考方法」，由於「以水平方向擴張、發想」，因此使用水平（Lateral）一詞。

如果是在完全不同的時間點閱讀這兩本商業書，就會個別理解「邏輯思考」與「水平思考」，並且以為「邏輯思考與水平思考是完全不同的世界」，就此結束閱讀。

然而，在「思考力閱讀期間」，以「固定主題式閱讀」閱讀這兩本書籍時，你就能串連並思考「邏輯思考」與「水平思考」的關係。

這樣一來，或許就能夠發現以下的關連性。

圖 6　邏輯思考與水平思考的關係

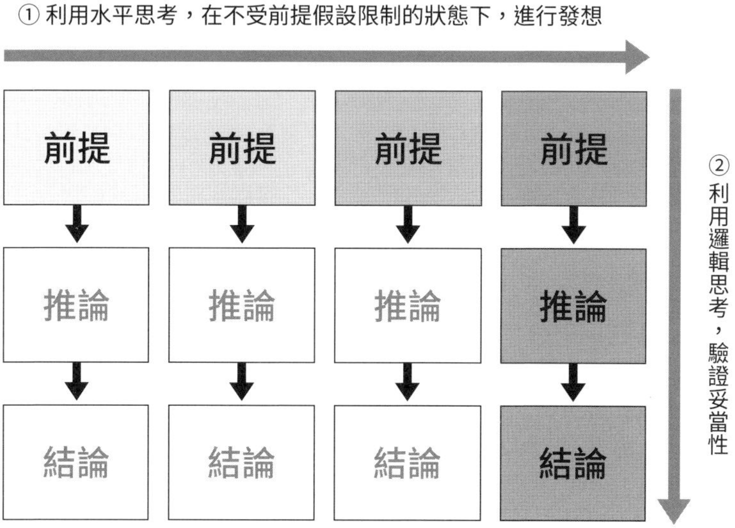

- 邏輯思考與水平思考最大的差異點在於「前提的假設方式」。
- 邏輯思考的大腦使用方法是先以「A」為前提，之後推論出「因為A，所以B」、「因為B，所以C」的結果，得到「結論是C」這個答案。
- 另一方面，水平思考的大腦使用方法是懷疑「A」此「前提」的思考法。可以以「非『A』即『ㄅ』？」、「非『A』即『a』？」等，擴大前提的可能性。
- 這樣看來，與其說「邏輯思

考」與「水平思考」是截然不同的個別思考法，倒不如說它們是互補的思考法？

- 想擴大假說的可能性時，使用「水平思考」；希望邏輯性的驗證多個假說的成功可能性時，或許就可以改用「邏輯思考」？

像這樣，假如同樣針對「思考力」主題的商業書，進行固定主題式閱讀，就能將每本書中的內容有機的連接、系統性的整理與理解（圖6）。

如果能夠系統性的理解，就可以超越「死背書」的境界，學會「為了擴大假說→水平思考」、「為了驗證假說→邏輯思考」等的「運用能力」。

這些是在完全其他的時間點閱讀所無法達成的程度。

第三章

能增加觀點的「讀觀點」

十倍閱讀（前篇）

「觀點」為什麼重要？

「觀點」是思考的起跑點

第三章中我將會說明「讀觀點」的具體方法。

請各位再次回想以下的方程式。

應該思考什麼？（觀點）×應該如何思考？（準則）＝個人獨特的結論

「讀觀點」屬於此方程式的前半部。在描述「讀觀點」的具體方法之前，首先告訴各位，我對「何謂觀點」的定義。

所謂觀點：著眼於把焦點放在事物某個面向的重點。

這裡希望各位注意到不論事物有多少面向，大部分人其實並無法自覺到每個事物其實都擁有「多種面向」，因此容易被局限在從單一面向看到的「觀點」。

任何人都只能透過「觀點」去思考事物。換句話說，「觀點」取決於「當下在思考些什麼」。

任何一種思考過程都有以下的程序：

①**觀點**：先置入觀點，
②**準則**：以該觀點為起點，思考「如果那樣做↓就會變成這樣吧」，
③**結論**：提出結論。

也就是說，如果人們沒有建立任何「觀點」，就無法開始思考。假如沒有辦法開始思考，就不可能得到結論。

於是，結論就會被「你用哪一種觀點在看待事物」所支配。

「觀點」決定了你能看到的世界

世界上有各式各樣的事物存在，一定具有多樣性的樣貌。

如果缺乏「自由操控觀點的能力」，就無法察覺事物的多樣性，陷入只看到單一層面，就打算如此理解。

另一方面，世界上當然也會有觀察力敏銳的人存在。

你應該也曾看到「觀察力敏銳的人」，一邊懊悔「為什麼自己沒辦法發現這些事情」，一邊深感對方提出「真是令人佩服的著眼點啊」。這種「觀察力」的真實樣貌正是「觀點的多寡」。擁有許多觀點的人，即使遠眺相同的狀況，他們「在意的事物」、「在意的程度」有不同等級的差異。

觀點的數量取決於你的認知，亦即說「你所能看到的世界本身」是致命性的決定觀點也不為過。

因為人類只能透過「自己的觀點」去掌握、思考這個世界。

只要你能擁有許多觀點，並且可自由自在、熟練地運用，就能夠看清楚「現在眼前的世界」，拓展這個世界，發現過去未曾察覺的事物。

這樣就可以讓每件事物的輪廓更清晰，提升輪廓內部的解析度。

「觀點」決定「議題」

大家知道「議題」（issue）這個詞彙嗎？在商界所謂的「議題」具有以下含義。

所謂「議題」是指：應該釐清的重要問題。

被譽為經營管理學之父的彼得・杜拉克（Peter F. Drucker）曾就「議題」一詞發表過有深意的言論。

在經營管理上犯下最嚴重的錯誤，並非提出錯誤的答案，而是針對錯誤的問題作答。

弄錯「議題」，意味著搞錯了那些原本應該要黑白分明的問題。假設搞錯那些應該要黑白分明的問題，解出來的答案當然也會是錯的。

既然如此，思考事物時，最重要的應該是在「正確回答問題」之前，「明確分辨黑與白的問題」。

然後，思考「應該分辨黑與白的問題」時，必須要有「觀點的多樣性」。

比方說，你在煩惱公司銷售量低迷的問題。當然，這時你應該考量的是「該怎麼做才能提升銷售量呢」。

那麼，為了「提升銷售量」，你會如何設定「議題」呢？

比方說，應該可以設定出以下這些「議題」。

議題①：能增加顧客數嗎？

議題②：能提升客單價嗎？

議題③：能增加購買頻率嗎？

所謂銷售，是由「顧客數×客單價×購買頻率」所決定，因此只要提升任一個參數就可以提升銷售量。

也就是說，想要完成這些議題設定，有以下三個「觀點」。

- 「顧客數」的觀點。
- 「客單價」的觀點。

● 「購買頻率」的觀點。

然而，只要「觀點」改變，就算觀察的是同個對象，有時還會發現截然不同的面向。

比方說，為了提升銷售量的「議題」，還可以這樣設定。

議題④：能夠擴大市場規模嗎？

議題⑤：能夠增加市占率嗎？

銷售量可以定義為「市場規模×市占率」。這樣一來，「擴大市場規模」或「增加市占率」也有助於提升銷售量。

甚至比起前述的「顧客數×客單價×購買頻率」，後者站在更具俯瞰性的立場，或許可以進行更具策略性的決定。

如此，不被局限在「顧客數×客單價×購買頻率」單一面向，而是從「銷售量」的概念出發，去思考更多樣性的觀點，就能設定「市場規模×市占率」的議題。

「觀點」可產生「其他選項」

在邏輯思考上，大家經常使用的架構是「邏輯樹（Logic Tree）」。

所謂邏輯樹是指：將問題拆解成樹狀，以便有條理地找出原因、解決問題方法的一種問題解決架構。

邏輯樹範例如圖7所示。

此邏輯樹中將「銷售量」拆解為「顧客數」、「客單價」、「購買頻率」觀點，再將各個要素分拆為「新顧客」、「既有顧客」這些角度。

許多邏輯思考相關書籍，在建立邏輯樹時，往往會提及以下兩個重點。

- 從左至右拆解邏輯樹時的「思考邏輯條理」是否正確？
- 邏輯樹的縱向是否沒有「遺漏」或「重複」？

然而，要能夠掌握得好邏輯樹，真正重要的並非「思考邏輯的條理」，也非「周

圖7 邏輯樹範例

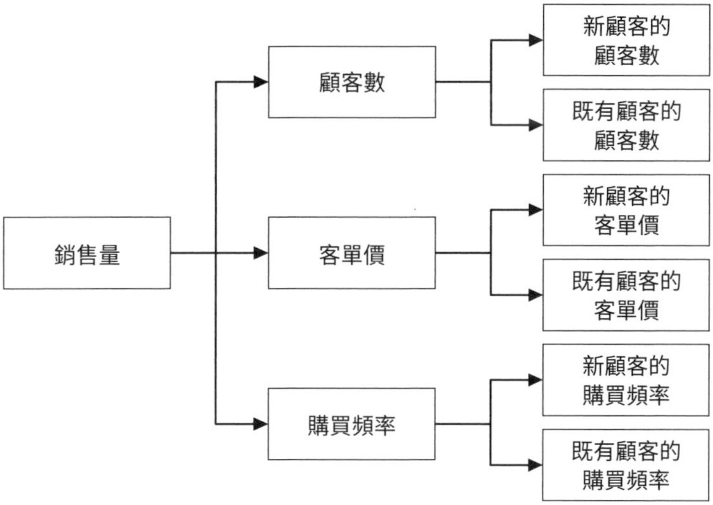

延而完整」，而是「觀點」。

例如，為了探究「銷售量低迷的原因」，以邏輯樹分析後，會出現以下的結果（圖8）。

這棵邏輯樹的「思考邏輯條理（由左至右的方向）」確實是正確的，也沒有「遺漏、重複（縱向）」。那麼，邏輯樹就算是成立了。

然而，針對「探究銷售量低迷的原因」此目的，卻會發現這棵邏輯樹很明顯地沒用。為什麼會如此？因為這樣一來根本無法得知銷售量低的根本原因。

那麼，我們將「拆解邏輯樹時的觀點」轉換成以下範例，又會如何呢？（圖9）

圖8　無意義的邏輯樹範例

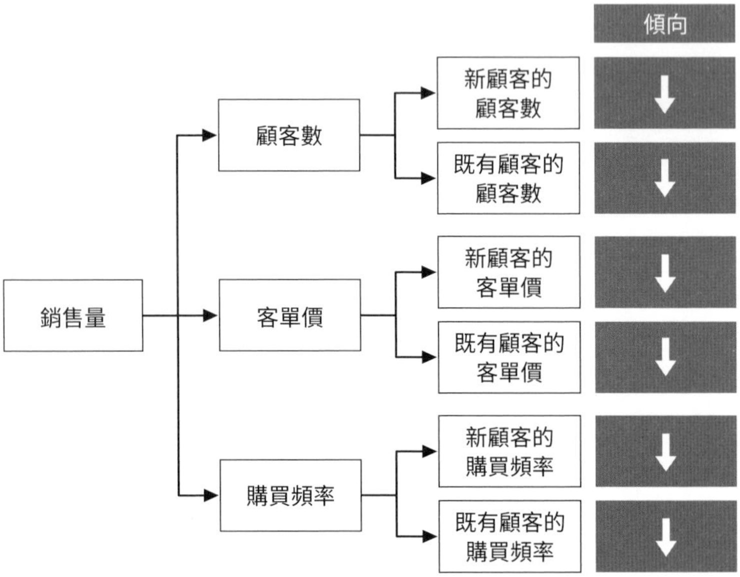

這棵邏輯樹是將「銷售量」從「事業部的觀點」拆解成「A事業部的銷售量」、「B事業部的銷售量」、「C事業部的銷售量」，再分別將各個事業部的銷售量以「銷售的品項觀點」拆解為「商品a的銷售量」、「商品b的銷售量」、「商品c的銷售量」等。

試著從這個觀點去拆解「銷售量低迷」的現象，應該就可以繼續得知「銷售量低的原因是來自於A事業部的a

圖9　有意義的邏輯樹範例

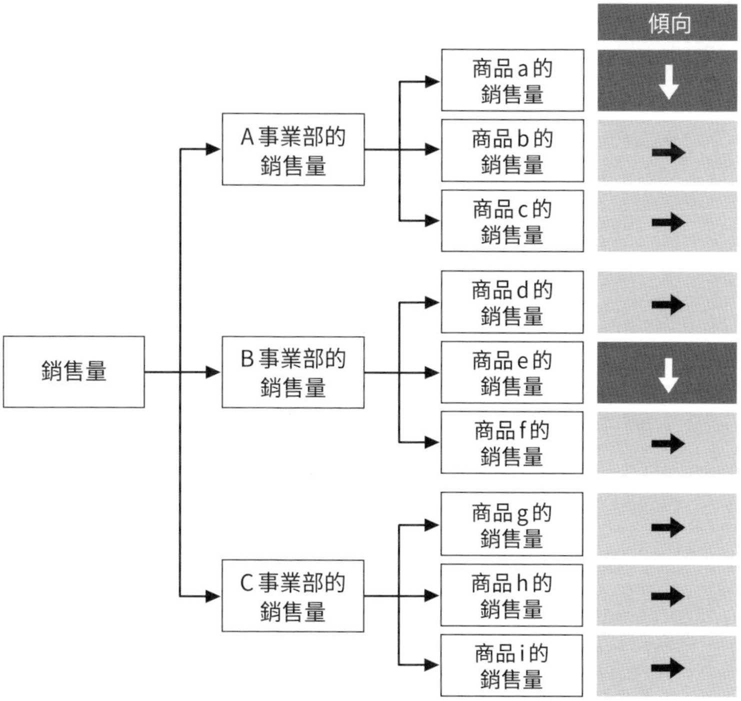

商品與B事業部的e商品」。

與先前邏輯樹不同之處，在於拆解邏輯樹時的「觀點改變了」，即使「邏輯的條理改變」也沒有出現「減少彼此獨立、互無遺漏」。

如果，這棵邏輯樹還是難以探究「銷售量低迷的原因」，那麼我們還可以繼續以下的拆解，或許就能找出。

- 試著用地區別的「觀點」進行拆解。

● 試著用顧客年齡層的「觀點」進行拆解。

「觀點」取決於「你在思考什麼」。

如果能夠增加觀點、隨心所欲地使用觀點，就可發現事物的多種面向，進而不斷產生「其他選項」、「其他可能性」。

「觀點」可排除「卡關」

「觀點的數量」與「可以任意運用觀點的能力」有時能為我們排除卡關。

我曾在某本書中讀到以下這段故事。

這是關於某位房東的煩惱。

這位房東不知如何處理房客「等待電梯時間太長」的抱怨。解決此問題、最容易想到的就是導入控制電梯等待時間的ＡＩ，透過最適當的技術縮短等電梯的時間。

然而，房東發現這樣的解決方法必須投資龐大的設備。

另一方面，他以「電梯使用者的觀點」重新檢視問題，結論卻大不同。

他站在「電梯使用者的觀點」上，觀察後發現可把「電梯的等待時間太長」，重新修正為「覺得等電梯的時間太無聊了」。這麼一來，只需要把「覺得無聊的時間」轉變為「感覺有意義的時間」，就能解決問題，也不需要進行龐大的設備投資。

事實上，那位房東後來想到的對策是「在電梯旁放置鏡子」，這樣就可以將等待電梯的時間從「無聊」改變為「用來整理儀容、有意義」，並且大幅降低房客的抱怨。

此外，我再來分享另一個案例。

假設你是小兒科醫院磁振造影檢查（MRI）技師。由於你任職的地點是小兒科，當然為幼童檢查的機會較多。

然而，年幼的孩子往往很怕MRI機器，有些孩子因為太害怕而大哭大鬧，你的煩惱是無法順利進行檢查。那麼，你會提出什麼解決方案呢？

大家通常想到的是，針對害怕MRI機器而哭泣的小孩，浮現「哄孩子」的方法，像「提供玩具」、「提供糖果」等。

然而，也有以下這種解決對策。

解決對策：將MRI設備裝飾成「叢林般的兒童遊樂場」。

許多人拿到這個題目，往往會在無意識下「站在檢查技師的觀點」去思考「該如何哄孩子、完成檢查呢」。

然而，一旦站在孩子的立場，把觀點轉變為「會讓我根本不害怕，變成開開心心地想要鑽進MRI設備內、進行檢查的東西是什麼」，就容易出現如解答範例般的點子。

像這樣「多觀點」、「可以活用觀點的能力」可以幫助我們排除卡關。

「觀點」可產生「0→1」

再者，如果能妥善運用「多觀點」、「可活用觀點的能力」，就有辦法產生與他人不同的新「概念」。

在商界稱為「**0→1**」。

在許多人認為「理所當然」的既有架構下，替換嶄新的「觀點」，再透過這些新「觀點」去改變架構本身的形狀，就可能發生「**0→1**」。

比方說，你會怎麼「整理東西」？大部分人應該是將「整理＝把東西放回原本的位置」吧？

照片1 「整理＝貼起來」的嶄新觀點。

這個「放回」僅僅是一種觀點。然而，如果質疑「整理＝放」的觀點，思考是否有「整理＝放」以外的觀點？亦即，試著把目光放在「整理＝放」這個架構以外的地方。

當你環顧房間，發現有實際上沒在使用的空間。那就是「牆壁」，像是「客廳的牆壁」、「臥室的牆壁」、「走廊的牆壁」、「乾濕分離、穿脫衣服空間處的牆壁」等。

那麼，如果把「整理＝放」這架構，加上「貼」這個觀點，或許就會出現嶄新的概念，像是「整理＝把東西『貼』在人們唾手可得的方便位置」（照片1）。

如果能這樣產生嶄新的概念，就可開創出新市場。這在行銷的世界裡，稱為「創造市場」。

如此一來，在過去認為理所當然的架構上，加上「新觀點」，架構的型態就會不同，進而產生「嶄新的概念」。若能產出「嶄新的概念」，就有可能創造出新市場。

用嶄新的「觀點」重新區隔

另一方面，放入新觀點、「重新區隔」既有架構後，也有可能產生「0→1」。

比方說，讓我們試著來思考「自行車市場的區隔方法」。一般來說，自行車的市場區隔方式不是有以下幾種分法嗎？

- 兒童用自行車市場
- 家庭用自行車市場（Family Cycling）
- 戶外用自行車市場（登山自行車）
- 運動用自行車市場（越野自行車）
- 摺疊自行車市場
- 電動輔助自行車市場

那麼，如果改變觀點，將自行車市場用「私人用市場」與「營業用市場」進行「重新區隔」的話，會發生什麼事情呢？

- 家用自行車市場
- 營業用自行車市場

於是，就有機會出現以下從未曾曝光過的「嶄新概念（市場）」。

營業用市場：兼差Uber Eats所使用的「外送專用自行車」市場

附帶一提，從事Uber Eats的外送員，往往會在私人用自行車上，增加一些客製化的裝備，如「安裝智慧型手機架」、「安裝行動電源架」、「安裝置物架（擺放配送用保溫箱的位置）」等。因此，假設餐飲外送市場擴大，就會出現將這些必要工具納為標準配備的車種「配送專用自行車」，自行車的市場或許也會隨之擴大。

如前所述，「多觀點」、「可活用觀點的能力」直接與產出個人獨特的「概念（concept）」能力連結。

換句話說，所謂「多觀點」、「可活用觀點的能力」可以說是質疑任誰都覺得理所當然「掌握事物的方法」或「區隔方法」，進而出現「產生0→1的能力」。

從商業書發現「觀點」

「讀觀點」步驟一

接著，要傳授各位「十倍閱讀」方程式的前半部「讀觀點」的具體程序了。

在前一章節中，我雖然已傳達過「多觀點」、「可活用觀點的能力」的重要性，但相反地或許有些人會以為：「讀觀點是否一定要透過非常困難的閱讀方法才能執行？」

然而，「讀觀點」步驟大致只區分為以下兩大項。

「讀觀點」步驟一：從商業書中發現「觀點」。

「讀觀點」步驟二：將「發現的觀點」抽象化、重新整理。

我們只要準備一枝原子筆即可。如果你讀電子書，甚至連原子筆都不需要。這和參與座談會或上研修課程不同，閱讀的魅力在於隨時隨地都可以實踐。因此，並不需要耗費太多心力事前準備，請試著單手握持一枝原子筆輕鬆實行。

那麼，我先針對「讀觀點」步驟一進行說明。

首先，請你閱讀商業書時，一邊留意尋找「觀點」。乍聽到這句話，或許你會覺得有點困惑，但是祕訣在於一邊自問下述問題，同時抱持著「我覺得可以發現觀點」，持續閱讀下去。

「這段文章藏著什麼觀點？」

讀觀點　實際案例一

為了讓各位更容易理解，我在此提出具體範例說明。

很抱歉我無法在未獲允許的狀態下，引用其他作者的文字，所以在此使用本人拙著《完全消除耗時工作的超效率聖經》（以下簡稱為《超效率聖經》）。

首先，我先讓大家知道這本書究竟是哪裡商業書，其實它是在介紹如何讓你更有效率地進行商務工作、必要的「大腦切換法」的書。

這本書有部分在解說「如何讓工作順利地按照規畫進行」，包含以下這段內容。

> 工作之所以出現遺漏或重複，都是因為只將觀點集中在部分程序上，對「整體程序」視而不見所造成的。首先，我們要全面檢視「接下來的必要程序」。

讀到該段文章時，請務必提問：

「這段文章藏著什麼觀點？」

我希望各位注意，這個提問並沒有所謂正確或錯誤答案。只要參與的人數增加，就會出現無限個「觀點」，剛好我們的目的就是要「增加觀點」，因此並不需要考慮自己的回答是「正解或非正解」，訣竅在於要用輕鬆、愉快的感覺去找出「該段文章中或許隱藏了〇〇的觀點」。

我會將該段落文章所隱藏的「觀點」分為「整體程序」與「部分程序」。

●「整體程序」的觀點
●「部分程序」的觀點

除此之外，如果你發現個人獨特的「觀點」，請不要遲疑，直接在那本商業書的文章上畫線，並在空白處寫下你發現的觀點和筆記。

我們會在第五章中說明這個部分，這些小筆記日後能發揮極大的效果。

☆在這個階段，還沒發現「準則」也沒關係

如果你此時剛好有些感覺，或許就能夠發現以下的「準則」：

留意到「整體程序」→工作就不太容易出現遺漏或重複。
只專注「部分程序」→工作容易出現遺漏或重複。

當然，你如果在此階段發現了一些「準則」，請毫不遲疑地在空白處寫下。假使你還無法發現「準則」，也完全不需要擔心。

「十倍閱讀」的基本原則是要進行「讀觀點」與「找準則」，共兩次閱讀。發現

「準則」會在之後說明，因此，第一次閱讀時請將注意力集中在「該段文章藏著什麼觀點」。

或許有些人會覺得特意買了商業書，結果卻要在上面做記號或寫筆記，而感到有些抗拒。然而，在「十倍閱讀」的世界裡，商業書並不算是「書」，而是將其定位為十倍學習的「思考訓練工具」。

因此，不要把「書」當成「書」，而是視之為「事先被印刷成文字、尚未完成的思考訓練工具」，將書想為「透過與書協力工作，讓你達成什麼的工具」，持續沉浸書寫下去吧！

讀觀點　實際案例二

為了讓各位更能夠理解此段落，我提出另一個案例。

下面這段文章是在《超效率聖經》中，解說「該如何有效率地開會」的一段文字。

比方說，即便你「想要烹調美味的牛排」，也會因為「美味的牛排是三分熟？五分熟？還是全熟？」認知的不同，而替換為「要煎烤到什麼程度才好」來思

考。若把情境轉換成「開會」，若只提出「本會議目的是針對〇〇提出意見」，與會人員根本無法掌握要提案到何種程度才算足夠。然而，如果能明確表示希望「達成的目標標準」，並且可以共享「達到什麼狀態，會議才能結束」，那麼與會成員就能針對該目標，做好「要針對什麼、要討論到什麼程度比較好」的心理準備。

閱讀這樣的文章時，請務必試著提問：

「這段文章藏著什麼觀點？」

當然，不用拘泥於「正確答案、錯誤答案」，輕鬆想像「文章中或許隱藏著這樣的觀點」即可。

如果是我，我會從這段文章中抓出兩個隱藏的觀點。

- 「會議目的」的觀點
- 「會議目標」的觀點

許多企業都會設定「會議目的」，但可能忽略了「會議目標（達成標準）」的設定。如果各位過去未曾有「設定會議目標（達成標準）」的觀點，可以說我們剛好透過閱讀「獲得了嶄新的觀點」。

再者，從這個案例中，不僅可以抓出「觀點」，還能發現「準則」，也就是說：

設定會議的目的→明確知道「要討論什麼比較好」
設定會議的目標→明確知道「要討論到什麼程度比較好」

如果能夠在這個階段發現「觀點」或「準則」，請毫不猶豫地在該段文章上畫線，並且別忘了在空白處寫上筆記。

讀觀點　實際案例三

下面這段文章出現在《超效率聖經》中，傳授「如何提高工作生產力」內容。

> 可惜的是，「努力工作＝工作量」這樣的分類方法是有局限的。這往往會讓人希望自己被認同，而不得不無限增加工作量。然而，我們不應該認為「努力工作＝工作量」，而是調整為「努力工作＝工作品質」，將目標放在提升工作品質，「打造出不需要過度努力也能完成工作的狀態」。

或許各位已經差不多習慣「發現觀點」怎麼做了。

然而，我還是囉嗦一下，當你看到這樣的文章時，請各位務必試著提問：

「這段文章藏著什麼觀點？」

這段文章中所隱藏的「觀點」是什麼呢？我掌握到的觀點是「工作量的觀點」與「工作品質的觀點」。

- 「工作量」的觀點
- 「工作品質」的觀點

於是，「準則」就會變成：

增加工作量→毫無上限、拚命埋頭苦幹。

提升工作品質→打造出不需過度努力也能完成工作的狀態。

將「發現的觀點」抽象化、重新整理

「讀觀點」步驟二

接下來，「讀觀點」步驟二是「將觀點抽象化、重新整理」。

記得我們在第一章「抽象化、準則化→具體化」的段落中，曾經提過以下的內容嗎？

> 將個別具體事件抽象化，若能思考「能否替換成可以更廣泛應用的『概念』」的話，就能擴展應用範圍。

我將這種思考方式直接應用在「讀觀點」。

將「觀點」替換成更抽象的「概念」〈1〉

在前一章節中，我從拙著《超效率聖經》引用了以下的文章內容。

工作之所以出現遺漏或重複，都是因為只將觀點集中在部分程序上，對「整體程序」視而不見所造成的。首先，我們要全面檢視「接下來的必要程序」。

然後，從該文章的「觀點」，我們可以發現以下兩個觀點。

- 「整體程序」的觀點
- 「部分程序」的觀點

這時，應該要在文章上畫線或在空白處留下筆記。

然而，這樣做還是停留在「只能用於特定情境下觀點」的「程度」。

因此，對於「整體程序的觀點」與「部分程序的觀點」兩個觀點，我們還會再遇到「抽象化的問題」。

「能否替換成可以更廣泛應用的『概念』？」

我希望各位注意到「抽象化」並沒有所謂的正確或錯誤答案。「概念」只會因為人數增加而無限存在，甚至因為「目的」也可以「替換成可以更廣泛應用的『概念』」，所以就會從「程序」這種「特定情境」中脫離，只要能夠成為可以擴大應用範圍的概念，它變成什麼都沒關係。

在此試著簡單替換一下概念：

「整體程序」的觀點→「整體」的觀點

「部分程序」的觀點→「部分」的觀點

像這樣脫離「程序」的特定情境，就可以替換成一般意義，就能轉變為「可以應用在程序以外的觀點」。

這時，請在本書的空白處，在「→」後加上抽象化的觀點，如下：

「整體程序」的觀點→「整體」的觀點

這些都會在日後扮演重要的角色。

☆應用並使用觀點 ①資訊收集

接著，我們來討論如何「應用」觀點。

讓我們來想一想可以將「整體的觀點」與「部分的觀點」應用在什麼地方？

首先，試著想像把上述觀點應用在「資訊收集」上。

如果，你大腦裡沒有「整體的觀點」或「部分的觀點」，就無法思考「收集資訊的整體樣貌」，或許會突然開始地毯式的搜索相關資訊。

於是，在不了解「應該收集哪些資料、該收集到什麼程度」的「整體樣貌」下就開始收集，結果恐怕會陷入看不到終點、「永遠都無法完成資訊收集」的狀態。

然而，如果你已經得知「整體的觀點」、「部分的觀點」，應該就可以在事前思考「應該收集的資訊整體樣貌為何」。

這樣一來，就可以在定義好「整體」應該收集「哪些」資訊、「要做到什麼程度」下，在不遺漏且不重複的狀態下，劃分出「部分」，即可有效進行資訊收集。

☆應用並使用觀點 ②資料製作

再者，為了加深理解程度，我們可以試著思考如何將「整體的觀點」與「部分的觀點」應用在下一項工作「資料製作」。

製作資料時，如果不考慮「資料的整體結構」，突然就開始製作個別頁面的話，從整體的角度看來，就會出現遺漏且重複的內容。

此外，前半部與後半部對不起來，恐怕也是資料製作時的「煩惱」吧？

如果能夠在這時加入「整體的觀點」、「部分的觀點」，事前先思考資料的整體結構，再拆解成各頁，就不會發生遺漏或重複了吧！此外，應該也不會出現「前半部與後半部對不起來」的情形才對。

☆應用並使用觀點 ③行銷

再舉幾個不同的案例，這次讓我們試著應用在「行銷」上。

如果你是美體沙龍企業的行銷，應該經常需要收集美體沙龍產業中其他競爭對手的動態資訊。

然而，透過「整體的觀點」、「部分的觀點」的篩選後，重新檢視「美體沙龍市場」，你的行動會產生什麼改變呢？

對於身為美體沙龍企業行銷的你而言，所謂的「整體」應該是指「整體美體沙龍市場」。而且，你負責的美體沙龍企業和競爭對手的美體沙龍企業其實都只是構成整體市場的一部分而已，因此算是所謂的「部分」。

然而，若不將「美體沙龍市場」定義為「整體」，而是視為「部分」重新思考，那麼又可以如何重新定義「整體」呢？

若將「美體沙龍市場」視為「部分」，那麼「整體」或許可以重新調整為「美容市場」。這麼一來，會對你任職的美體沙龍企業帶來影響、成為未來威脅的就不僅有「互相競爭的美體沙龍企業」，或許還包含其他能夠在美容市場發揮存在感的「肌膚護理企業」或「美容家電企業」。

從這種角度看來，你應該就會注意到光是「收集美體沙龍市場動向資訊」是不夠的。

已取得「整體的觀點」、「部分的觀點」的你，今後就會重新掌握擴大的市場，因此也會針對「肌膚護理業界」、「美容家電業界」收集資訊。

讀到這裡，敏銳如你或許已經可以察覺到些微端倪了。

將「整體的觀點」與「部分的觀點」應用在各種領域的過程中，你應該可以發現幾個「如果那樣做→就容易變成這樣」的「準則」。

比方說，以下這個準則：

在定義好「整體」後，再進行個別拆解→沒有遺漏或重複，就容易順利進行各項事物。
將原本視為「整體」的事物，重新拆解為「部分」→容易發現新的「整體」。

像這樣，著力於將寫在商業書中的「觀點」加以抽象化，各位是否就能理解如何超越直接寫在商業書中「順序內容」的狹窄框架，並且擴大應用範圍？
這意味著只要改變論述方式，即可獲得「超越撰寫於商業書內容的學習價值」。
這正是可以讓商業書學習價值翻倍的「十倍閱讀」精髓。

將「觀點」替換成更抽象的「概念」〈2〉

讓我們再次引用前述的範例文章內容，進一步說明。

比方說，即便你「想要烹調美味的牛排」，也會因為「美味的牛排是三分熟？五分熟？還是全熟？」認知的不同，而替換為「要煎烤到什麼程度才好」來思考。若把情境轉換成「開會」，若只提出「本會議目的是針對〇〇提出意見」，與會人員根本無法掌握要提案到何種程度才算足夠。然而，如果能明確表示希望「達成的目標標準」，並且可以共享「達到什麼狀態，會議才能結束」，那麼與會成員就能針對該目標，做好「要針對什麼、要討論到什麼程度比較好」的心理準備。

於是，我們發現下述兩種「觀點」。

- 「會議目的」的觀點
- 「會議目標」的觀點

但這兩個觀點變成只能運用在「會議」這個特定情境上。這時我們又會遇到先前那個提問：

「能否換成可以更廣泛應用的『概念』？」

這時，我試著簡單替換成：

「會議目的」的觀點→「目的」的觀點
「會議目標」的觀點→「目標」的觀點

這樣一來，你就可以透過「目的的觀點」與「目標的觀點」的濾鏡，掌握眼前的世界。

☆應用並使用觀點 ④資訊收集

這裡，我們同樣以「資訊收集」為例，思考應用的方法。

所謂「目的」，換個方式來說就是「為了什麼而努力」。然而，如果不知道要「為了什麼而努力」，就會不曉得「該怎麼努力才恰當」。

將上述內容應用在「資訊收集」上思考時，若不了解「為什麼要收集資訊」，就會陷入一開始連「要收集哪些資訊比較好」都搞不清楚的狀態。然後，因為弄不清楚「要收集哪些資訊比較好」，就不知道該怎麼著手進行資訊收集。

換句話說，所謂資訊收集的「目的」就是取決於「要收集哪些資訊比較好」，也就是決定「資訊收集內容」。

另一方面，所謂的「目標」是指「針對達成目的的標準」。如果資訊收集的達成程度不明確，因為不了解「資訊要收集到怎樣的程度才算恰當」，就無法在事前評估「應該要分配多少比例的勞力或時間比較好」。

如此一來，往往會收集超過必要的資訊量，或者是收集到許多未能達到要求的資訊，最後迷失在資訊收集上。

然而，如果能夠取得「目的的觀點」與「目標的觀點」，就可以想像應該收集資訊量的標準、減少無謂的工作。

☆應用並使用觀點 ⑤資料製作

如前所述，接下來我們來思考「資料製作」的應用。

如果資料製作的「目的」不明確，搞不清楚「為什麼要製作資料」，結果也會不懂「要製作什麼資料才好」。

於是，就會在搞不清楚「應該放入資料內容」之下製作資料，而容易覺得「把手邊資訊全部放入資料內吧」。結果，資料內容變成什麼都沾一點邊，讓人搞不清楚究竟想要表達什麼。

此外，如果不清楚資料製作「應該要達到的標準」，就會一直陷在「資料分量要做到什麼程度才好」、「資料的詳細程度會被要求到怎樣的程度」，在一種看不到「終點」的狀態下製作資料，因而不難想像製作資料工作就變成「看不到終點的工作」了。

不過，既然我們已經了解「目的的觀點」與「目標的觀點」，應該就可以防範於未然。

藉由「讀觀點」獲得五花八門的「觀點」

我從「讀觀點」獲得的重要「觀點」

請想像一下我們到目前為止談論的「讀觀點」順序。

「讀觀點」的關鍵並非背下商業書的內容，而是將在商業書中發現的「觀點」抽象化、擴大應用範圍，就能將產出擴增為好幾倍。

產出的容易度取決於「能夠提供多少幫助」的再現性，乘上「應用範圍有多廣」的通用性。這兩者相乘起來就是「讀觀點」。

由於本章節著重說明「觀點的增加方法」與「觀點的掌握方法」，針對「觀點」本身的介紹非常有限。因此，在本章的最後，我想占用一點篇幅介紹自己過去從「讀觀點」中獲得、覺得特別重要的幾項觀點。

☆「目的」觀點與「手段」觀點

世間萬物總有針對「目的」而存在的「手段」。「手段」無法單獨存在。

然而，「手段的目的化」是許多職場中常見的「煩惱」。為了預防「手段的目的化」，在思考事物時，應該要能夠自覺目前正想的「是目的，還是手段」，並擁有可以自由自在切換的觀點。

如果發覺自己「現在正在思考的是手段」，就把觀點轉為「該目的為何」，相反地如果發現想的是「目的」的話，就試著把觀點改為「該手段是什麼」。

目的決定你前進的方向。手段則扮演著加速朝該方向前進的角色。

如果擁有可自由切換「目的觀點」與「手段觀點」的能力，手段就不會淪為目的化，應該就能有聚焦的執行力。

☆「現象」觀點與「原因」觀點

人們往往容易被眼前所見的「現象」所吸引。

然而，眼前發生的事物背後一定有引發這現象的原因存在。

如果能夠清楚釐清「現象」與「原因」之間的因果關係，就能藉由有意產生的「原因」來引發「現象」的出現。

相反地，如果能有意地消除「原因」，可能就不會引發「不良的現象」。

假如你發現任何現象，就應該抱持探究的觀點，去尋找會引發那些現象的「原因」。

相反地，我們也可以設定「現在眼前發生的現象是什麼原因所導致」的假說，試著運用未來可能會發生什麼事件的預測觀點去推估。

如果擁有能自由切換「現象」觀點與「原因」觀點的能力，應該就可以辨明「肉眼看不見的因果關係」。

☆「質」觀點與「量」觀點

人類在比較事物時，容易只用「量觀點」去對照。

然而，不僅運用「量觀點」，如果還能使用「質觀點」來比較事物，會更容易掌握許多未來需要注意的地方。

因為事物往往會先引發「質的變化」，此「質的變化」會再引起「量的變化」，進而形成所謂的「前後關係圖」。

如果我們可以將觀點從「量的差異」切換成「質的差異」，就可以加深對該變化的注意與監控，因此或許能比其他人提早發現「變化的徵兆」。

結果，就有可能比周遭提前、預做準備。

☆「異質」觀點與「相似」觀點

試著比較複數事物時，即可區分「異質的部分」與「相似的部分」。如果能夠抱持著「異質的部分在哪裡」的觀點，了解「物品相似度」的特徵「差異」，即可發現「原創」或「附加價值」的所在。

另一方面，抱持著「相似的部分在哪裡」的觀點，則可以從各種不同事物的共通處，找出能夠成立、必要且不可或缺的「本質價值」。

然後，運用「抽象化」或「具體化」，即可在不同的領域中應用「本質的價值」，更為擴大自己眼中所能看見的世界格局。

請務必在比較事物時，透過「異質」與「相似」兩方觀點來觀察。

☆「效果」觀點與「效率」觀點

如果單純想要提升「效果」，只要增加投入資源即可。當投入資源增為兩倍時，確實能夠提高至比現在更高的效果。

然而，當投入資源已達兩倍，效果卻停留在一・五倍時，就會出現「效果提升」

但「效率降低」的情形。相反地，當投入資源為兩倍，卻出現二・五倍的效果時，則可以說「效果與效率皆有所提升」。

效果強烈依賴「投入資源的量」，但效率則仰賴「下功夫的程度」。

如果只單純追求「效果」，投入資源量較多者肯定獲勝，但是所謂的「策略」是「專注與選擇」，是指為了提升資源效率「下功夫的程度」。

這樣說起來，「效率」可說是用於測量策略有效性的氣壓計。

如果想要訂定出優異的「策略」，不能光靠「效果觀點」來觀察事物，還要搭配「效率」觀點。

☆「有形」觀點與「無形」觀點

世界上存在著「有形」與「無形」的事物。如果是商務人士，應該會立刻聯想到「有形資產」與「無形資產」。

土地、建築物等「具有形狀」的資產稱為「有形資產」，即那些會記載在資產負債表上的資產。這是大家能明確、易識別，在市場上易於流通且方便管理的資產。

另一方面，企業文化或品牌等無形資產是「沒有形狀」的資產，肉眼難以看到、不易明確識別。結果，它往往被視為不易在市場上流通、不好管理的資產。

這樣看來「無形資產」非常不易處理。然而，如果管理得當，其實它能夠發揮極大的競爭力。

因為，有形資產會隨使用而價值衰減。相對來說，企業文化或品牌價值等無形資產卻是愈使用、價值愈高。

此外，無形資產具有「肉眼看不見」、「難以在市場流通」、「難以管理」等特性，這意味它反而是稀缺性較高、能成為難以仿效的競爭力泉源。

當今現下，日本國內的物產雖富饒，未來還是會進入以「智慧」作戰的時代。這樣一來，無形資產的重要性必然變得更高。

如果你只在意那些「肉眼看得見的價值」，趁此機會養成習慣去找出「肉眼看不見的價值」吧！

☆「表演」觀點與「腳本」觀點

「表演」可以改變人的情緒；「腳本」則建立了可以讓人持續表演下去的基礎。

在商場上，人們的目光往往容易朝向「優秀的腳本」，但偶爾也會出現「撼動人心的演出」，牽引大家的情緒。

比方說，單就「首購優惠票」的腳本，是帶入「表演」這個觀點，以「旅行」

為中心思想來設計包裝，就能夠主打「引領你進入新世界的護照」的故事性。

或是，也可以單純在「商品組合」上，以遊樂園為主題來裝飾，就能夠勾起人們想出遊、玩樂的心情。

只從「腳本的觀點」去思考事物，往往容易讓人覺得枯燥無味，再加上「表演」的觀點才能夠撼動人心。

☆「積極」觀點與「消極」觀點

事物會隨著觀點不同而產生積極性或消極性。

例如，當你聽到「我們公司對於零售商的支配力較弱」這種消極的話語時，可以改用積極的觀點面對，就可說成「我們發展直銷的阻礙比較少」。

此外，把「自家公司的企業規模較小」的消極觀點，改以積極的觀點去解釋，也能變成「我們決策和行動的速度較快」。

像這樣，乍看之下覺得「消極」的事物其實只要改變觀點，通常都可以「變得正面積極」。

面對形形色色的事物，若發現弱點，請試著切換觀點「重新改用積極的角度」去處理。或許就會找到意想不到的突破性策略。

☆「增加」觀點與「減少」觀點

事物還存有「增加比較好」與「減少比較好」的觀點。

以「資訊」為例，從資訊的準確性觀點來看雖然是「增加比較好」，但從資訊傳播的容易度觀點視之，則會希望盡量減少資訊，而提出「簡單一些比較好」的判斷。

此外，以「人才」的觀點而言，若是勞動密集型的單純工作，「增加」人員可讓工作早點結束，但若是知識型工作或需要高度決策，通常「減少」人員較有幫助。

人們在思考事物時，一不小心觀點就容易朝向「增加」的方向走，所以讓我們同時擁有「減少」的「減法的觀點」吧！因為藉由「減少」，可以讓事物變得簡單，也能提高生產力。

☆「多樣性」觀點與「統一性」觀點

接下來的時代被認為「多樣性非常重要」。在那樣的時代下，希望各位能同時擁有「多樣性觀點」與「統一性觀點」。

人類思考很容易僵化。因為，人類大腦的特質就是會對輸入的資訊進行思考整理、使之系統化。

而且，在反覆讓思考系統化後，就會成為既定的「模式」。接著，這些被固定化的模式會形成思考習慣，視角因此變得狹隘。

然而，若能擁有多樣性的觀點，就可從多樣化的成員身上獲得許多觀點，就有辦法經常「矯正」那些容易僵化的思考模式，得到更多面向的見解。

但是，如果希望活用多樣性的優點，反過來說也必須有「統一性的觀點」。因為，如果想要多樣性，單純只有多樣性只會產生一群「不具目的的群眾」、建立出「混亂世界」的形式而已。

團隊成員的背景應該具備多樣性。然而，另一方面，將具多樣性背景成員聚集為團隊時，則必須將願景、目的與價值觀統一。

團隊不僅只有「多樣性」的觀點，如果同時能兼備「統一性」觀點，團隊方向應會朝向一致，並且能在活用多樣性的狀態下，富有創造力的解決問題。

第四章

可擴充準則的「找準則」

十倍閱讀（後篇）

請各位在此再度回想以下的方程式。

應該思考什麼?(觀點)×應該如何思考?(準則)=個人獨特的結論

我將在本章節告訴各位此方程式的後半部——「應該如何思考?(準則)」的重要性並說明具體的閱讀方法。

讓我先插個話,想要先問大家一個問題。

你聽到「準則」這兩個字時,會浮現什麼畫面?走進巷弄裡的書店,發現商業書的書名到處都有「準則」兩個字。隨便舉幾個例子,如下:

《「原因」與「結果」的準則》(「原因」と「結果」の法則)

《超出常理的成功準則》(非常識な成功法則)

《有遠見的公司 飛輪準則》(ビジョナリー・カンパニー 弾み車の法則,台灣出版物取名為《飛輪效應》)

《有效表達的簡報準則》(伝わるプレゼンの法則100,台灣出版物取名為《國際級專家也在用的高效簡報術》)

《「快速」、「隨手」寫出好文章的準則》（伝わる文書が「速く」「思い通り」に書ける 87の法則）

《讓世界頂尖人才10秒理解的資料整理準則》（世界のトップを10秒で納得させる資料の法則）

《不怕在人前說話的100個準則》（人前であがらずに話せる100の法則）

《藉由業務問答術成為頂尖銷售員的絕對準則》（質問型経営でトップセールスになる絶対法則）

《科特勒的行銷・智慧型手機時代終極準則》（コトラーのマーケティング4.0スマートフォン時代の究極法則）

《第一次投資不動產的成功準則》（はじめての不動産投資成功の法則）

我試著在亞馬遜網路書店的「商業、經濟類」分類中，用「準則」此關鍵字搜尋，出現了三千件以上的結果。顯然光是「準則」兩個字就足以勾起商務人士的興趣吧！

一般所謂的「準則」是指「在一定的條件下，於事物之間成立普遍且必然的關係」，本書認為有以下的因果關係。

準則就是：「如果那樣做→就容易變成這樣」的因果關係

嚴格來說，有些準則沒有因果關係，但為了讓各位容易理解，本書以「如果那樣做→就容易變成這樣」的必然關係來定義因果關係。

「準則」為什麼重要？

「準則」決定了「應該如何思考」

第三章中，我闡述了以「應該思考什麼」為起點的「觀點」重要性，並且接著說明了「讀觀點」的順序。

在第四章，我想描述儲存有助於「應該如何思考」的「準則」重要性，並且將針對「找準則」的順序進行說明。

我在第三章的「讀觀點」中，曾提及思考的流程一定會歷經以下的順序。

① **觀點**：先置入觀點；

② **準則**：以該觀點為起點，思考「如果那樣做→就會變成這樣吧」；

③**結論**：提出結論。

人只有透過「觀點」，才能思考。也就是說，如果沒有置入某些「觀點」，就會連「思考的出發點」都站不上去。

另一方面，即使擁有「觀點」，但沒有辦法預設「如果那樣做→就會變成這樣吧」，就無法得到適當的結論。

任何商業行為在面對未來情境時，「如果那樣做→就會變成這樣吧」的「假說」將會影響商業的成敗。

若沒有「如果那樣做→就會變成這樣吧」的準則，任何一種商業行為都會在沒有假說下，走一步算一步。

此外，假若思考過的「如果那樣做→就會變成這樣」不如預期，商業行為也會往偏離目標的方向前進，最糟糕的狀態就是完全無法挽回。

然而，如果事前儲備了大量的「準則」，就能將這些「準則」活用在眼前發生的現象，進而即時導出「命中目標」的假說。

也就是說，在個別能觀察到的事物之間，發現準則性，就算不曾實際經驗，還是能夠進行某種程度的預測。

為了命中假說，儲存「準則」

比方說，假設你知道以下這個「準則」：

對某個方向「作用」時→容易出現相反方向的「反作用力」。

把這個準則應用到飲食領域時，我們可以預測會發生什麼事情？

據說飲食的世界開始朝極簡化發展。因此，套用「有作用力時→容易出現反作用力」準則的話，或許就會出現以下的思考：

作用力＝飲食極簡化
反作用力＝飲食教育

「飲食極簡化」持續進展，隨此危機感而來的是「反作用」，人們就會思考「應該開始重視飲食教育」。

再舉個其他的案例，我們來思考跟ＡＩ相關的事。

思考當「作用力＝藉由ＡＩ達到最適化」時，「反作用力」會是什麼？

說不一定「藉由ＡＩ達到最適化」的反作用出現的時機，或許是「以人為本的設計思維」。

作用力＝藉由ＡＩ達到最適化
反作用力＝以人為本的設計思維

如此，當事物傾向某個特定方向時，往往會出現朝相反方向作用的反作用力。

此外，當存在「明明有作用力，但還沒有出現反作用力」的市場時，就可以導引出接下來「反作用那一側的市場可能會出現」的假說。

而且，如果能盡早參與「反作用側的市場」，或許就可以搶占市場先行者的巨大商機。

我想你過往的職場經驗中，應該都曾經偶遇一、兩位那種「可以快速提出一針見血假說的人」或「能夠猜到未來會發生什麼的人」。

他們面對什麼現象，都會思考、配對儲備於大腦中「如果那樣做→就容易變成這樣吧」的「準則」，預測出精準度高的未來。

也就是說，「應該思考什麼（觀點）」的下一步是「應該如何思考」，以此提出重要的假說，這能否產生生命中目標的假說，皆取決於大腦儲備了多少的「準則」。

「多觀點」有助於讓目前所見世界的輪廓更清晰、提升其中的解析度。另一方面，「多準則」則可以讓未來的世界輪廓更清晰、提高解析度。

「準則」可活用於「解決問題」

如前述，「準則」可告訴我們「如果那樣做→就容易變成這樣吧」的因果關係。

所謂因果關係，換句話說就是「原因與結果的關係」、「如果那樣做（原因）→就容易變成這樣（結果）」的關係。

而且，當部分的「如果那樣做（原因）」應用於現在所發生的現象，即可預測「→就容易變成這樣（結果）」。

另一方面，也可以從結果推測原因。也就是說「因為那樣做（結果）→就會變成這樣（原因）」，從結果回推原因，也能推敲出造成問題的原因。

在這種情況下，如果已經儲備了許多「準則」，活用於眼前所發生的問題，就能推測引發該問題的原因。

比方說，請想像在會議上討論時發生紛爭的場景。

如果你知道以下這個準則：

討論時的「前提」不一致（原因）→會議時容易產生糾紛（結果）

就可回推「會議發生紛糾」的結果，並快速設定好假說，找出相對應的原因：

會議時發生糾紛（結果）→討論時的「前提」不一致？（原因）

這樣一來，可先向全體與會成員詢問：「首先，我們來討論議題的前提一致嗎？」或許就能解決發生紛爭的會議無法產生共識的情況。

讓我列舉其他例子說明。

同樣地，請再想像會議的場景。

假設你已經知道以下這個準則：

對會議結論的判斷基準不明確（原因）→會議容易拖延（結果）

我們就可以回推「會議容易拖延」的結果，並且假設以下的假說：

會議容易拖延（結果）↓是因為對會議結論的判斷基準不明確？（原因）

這樣一來，只要向會議主席提出「能否在會議前決定好結論的判斷基準呢」，或許就能縮短會議經常拖延的情形。

如此，「如果那樣做↓就容易變成這樣」的「準則」，不只能夠建立因應未來的假說，對於探究目前引發的問題原因也很有幫助。

「準則」可運用於「架構」

簡單說明何謂「架構」，是指收集、分析商業資訊時的「框架」。

架構的代表例子，列舉如下。

PEST：將世界環境變化運用於策略
Politics（政治因素）／Economy（經濟因素）／Society（社會因素）／Technology（技術因素）

3C：將市場環境變化運用於策略

Customer（市場、顧客）／Competitor（競爭者）／Company（自家公司）

STP：訂定行銷基本策略

Segmentation（市場區隔）／Targeting（選擇目標市場）／Positioning（市場定位）

4P：訂定行銷執行策略

Product（產品）／Price（價格）／Place（通路）／Promotion（促銷）

最近，市面上有許多與架構相關的商業書籍出版。

然而，不論讀了多少關於架構的書，許多人似乎感到相當煩惱「不太能妥善運用這些架構」。

為什麼讀了大量與架構相關的書籍，卻仍無法活用「架構」呢？

在此，請大家再次回想前述的方程式。

應該思考什麼？（觀點）×應該如何思考？（準則）＝個人獨特的結論

架構可以為我們提供方程式中的：「應該思考什麼？（觀點）」，卻無法告訴我們「應該如何思考？（準則）」。

請務必重新回顧先前的架構代表例子。

「PEST」、「3C」、「STP」、「4P」……架構提供我們「用這個觀點去思考」的「觀點」。然而，用此觀點去檢視時，並不會告訴我們「如果那樣做→就容易變成這樣」的準則。

也就是說，感嘆於「不太會使用架構」的人，即使透過架構理解：「應該思考什麼？（觀點）」，卻會因為遺漏了「應該如何思考？（準則）」，而單純把它當成「資訊整理」而結束。

架構經歷長久的歷史考驗，是可以幫助我們「到達某種程度」的工具。然而，既然會寫「到達某個程度」，當然有其理由。

在網路如此普及、任何人都可以獲得某種程度資訊的環境下，如果只是將架構當成「資訊整理」來使用，成長會就此止步。

如果想要隨心所欲地使用架構，就不能只把架構當成「資訊收集時的方便觀點」，而是搭配「如果那樣的話→就容易變成這樣」的準則，這樣一定可以引導出更有益的啟發。

「找準則」的兩個步驟

接下來，我將針對增加「如果那樣做↓就容易變成這樣」準則的「找準則」，說明具體的順序。

和「讀觀點」一樣，「找準則」也只有兩個步驟。

「找準則」的步驟一：從商業書中發現「準則」。

「找準則」的步驟二：將「準則」抽象化後，再重新整理。

在這個時間點，你應該已經完成了第一次的「讀觀點」，準備進入第二次閱讀。該本商業書的大致內容應該已經在你腦海中，因此第二次閱讀時，請專注在「找準則」上。

「找準則」的步驟一是「閱讀商業書，發現準則」。

任何一本商業書裡，應該都有作者獨有的「know-how」或「經驗法則」。也就是所謂的「在這種時候→應該這樣做」、「在這種時候→就容易變成這樣」的內容。然而，發現「準則」的訣竅是，必須一邊閱讀一邊提出以下問題：

「這段文章藏著什麼know-how或是經驗法則？」

找準則　實際案例一

為了讓各位更容易理解，我在此再度引用《超效率聖經》的內容，並且提出具體案例。

在第三章的「讀觀點」中，我們介紹了以下兩個步驟。

「讀觀點」步驟一：從商業書中發現「觀點」。

「讀觀點」步驟二：將「觀點」抽象化、重新整理。

接下來就讓我們順便複習「讀觀點」，並且加上「讀觀點的步驟」的形式來說明「找準則」的順序。

在《超效率聖經》中，有一個段落是針對「如何達到效率的學習」課題，進行解說。

任何人遇到疑問或問題時，往往容易在情急之下，想要立即尋求「答案」。然而，即便學到「答案」後，如果沒有學會「應該採取怎樣的見解或思維，才能得到最好的答案」這種「尋找答案的方法」，恐怕一輩子也無法真正學到東西。

首先，複習「讀觀點」的順序。讓我們先從上述文章中，找出「觀點」吧！（讀觀點的步驟一）。此時，我們會問自己以下的問題：

「這段文章藏著什麼觀點？」

這麼一來，我想各位應該可以在這段文章中，發現其中隱藏了以下兩個觀點：

「答案」的觀點
「尋找答案方法」的觀點

然而，這樣一來就只會停留在「學習」這個「只能在特定情境下使用的觀點」。以抽象化的疑問詢問這些觀點，就可以擴大應用範圍（讀觀點的步驟二）。抽象化時的問題，如下所示：

能否換成可以更廣泛應用的「概念」？

於是，我們或許就可以脫離「學習」這個特定情境，將各個觀點置換為通用性更高的觀點。

「答案」的觀點→「知識」的觀點
「尋找答案方法」的觀點→「思考流程」的觀點

把這些內容筆記在商業書的空白處，完成第一次的「讀觀點」。

接著，進入第二次的「找準則」。

「找準則」的步驟一，內容如下。

「找準則」的步驟一：從商業書中發現「準則」。

接著，我們就會遇到以下這個問題。

「這段文章藏著什麼know-how或是經驗法則？」

一邊思考這個問題，一邊閱讀剛才那段文章，應該可以從中得到的「準則」是：

即使得到答案→只是暫時性的學習。

能夠學到尋找答案的方法→比較能夠學到受益一輩子的東西。

請務必在這些相對應的文章內容上畫線，並且在空白處寫下筆記。

然後是「找準則」的步驟二。

「找準則」的步驟二：將「準則」抽象化後，再重新整理。

為了把發現到的「準則」轉變為「應用範圍更廣的準則」，必須進行抽象化工作。和「讀觀點」時一樣，我們也必須針對已發現的準則提出下述問題。

能否換成可以更廣泛應用的「概念」？

這時，請務必如前述進行同樣的抽象化動作，並且寫下筆記。請最大極限的運用以下兩個觀點：

「知識」的觀點
「思考流程」的觀點

進行「讀觀點」時，因為已經替換完成為通用性較高的觀點，因此我們可以將這些「觀點」當成基礎，再將「準則」抽象化，即可置換為通用性更高的「準則」（圖10）：

圖 10　讀觀點→找準則〔實際案例 1 的流程圖〕

「讀觀點」Step 1：從商業書中發現「觀點」。

「這段文章藏著什麼觀點？」
（這時要自問的問題）

「答案」的觀點　「尋找答案方法」的觀點

▼

「讀觀點」Step 2：將「觀點」抽象化、重新整理。

「能否換成可以更廣泛應用的『概念』？」
（這時要自問的問題）

「答案」的觀點 → **「知識」的觀點**（觀點①）

「尋找答案方法」的觀點 → **「思考流程」的觀點**（觀點②）

▼

「找準則」的Step 1：從商業書中發現「準則」。

「這段文章藏著什麼 know-how 或是經驗法則？」
（這時要自問的問題）

即使得到答案 → **只是暫時性的學習**（準則①）。

學習尋找答案的方法 → **比較能夠學到受益一輩子的東西**（準則②）。

▼

「找準則」的Step 2：將「準則」抽象化後，再重新整理。

「能否換成可以更廣泛應用的『概念』？」
（這時要自問的問題）

**結合發現到的觀點與準則，
產生通用性更高的準則**

「知識」的觀點（觀點①）→ 只是暫時性的「消費」（準則①）。

「思考流程」的觀點（觀點②）→ 成為能運用於未來的「投資」（準則②）。

「知識」的觀點→只是暫時性的「消費」。
「思考流程」的觀點→成為能運用於未來的「投資」。

當然，「抽象化」並沒有「就是這個！」這種確切的正確答案。只要能換成「可以更廣泛應用的意義」就可以。

剛開始或許試行錯誤錯誤是必要的，但是習慣後、即可在短時間內導引出「就是這個！」的答案。

找準則　實際案例二

為了更深入的理解，讓我再舉幾個其他例子。

這個例子的內容也是出自於《超效率聖經》。如同前述，在此引用一段關於「如何達到有效率的學習」的段落。

> 「雙迴圈學習（Double-Loop Learning, DLL）」是指暫時將自己置於目前為止接觸到框架的「外部」，並且客觀地重新掌握整體狀況，以「究竟這個框架本身能夠

改變嗎」為前提，重新探究的思維模式。能在現有框架內，穩定地不斷改善固然非常好，但是藉由重新思考框架本身，或許更可顯著提升生產力。

首先，讓我們從此文章中找出「觀點」（讀觀點的步驟一）。這時又會遇到前述已經反覆提及的問題：

「這段文章藏著什麼觀點？」

我認為在上述文章中隱藏著兩個觀點：

「穩定改善」的觀點
「重新思考前提假設」的觀點

然而，這樣下去就會停留在「學習」這個「只能夠在特定情境下使用的觀點」。

因此，透過提問將這些觀點進行抽象化，擴大應用範圍（讀觀點的步驟二）。抽象化時的提問如下：

「能否換成可以更廣泛應用的『概念』？」

我會離開「學習」這個特定情境中，並且替換成以下的內容：

「穩定改善」的觀點→「現況最適化」的觀點
「重新思考前提假設」的觀點→「懷疑現況」的觀點

在書本空白處做筆記，即完成兩次閱讀的前半部「讀觀點」。
緊接著再進行第二次閱讀的後半部「找準則」。

「找準則」的步驟一：從商業書中發現「準則」。

這時應該要自問以下這個問題，所以請再次回想一下。

「這段文章藏著什麼know-how或是經驗法則？」

一邊思考這個問題，一邊如前述重新閱讀該段文章時，我們就會發現「準則」是：

「穩定改善」的觀點→生產力的提升有限。
「重新思考前提假設」的觀點→容易大幅提升生產力。

請務必在這些相對應的文章內容上畫線，並且在空白處寫下筆記。

接著，進入「找準則」的步驟二。

「找準則」的步驟二：將「準則」抽象化後，再重新整理。

為了把找到的「準則」變成「應用範圍更廣的準則」，就要和「讀觀點」一樣，用相同的要領加以抽象化。這時會遇到的問題是：

「能否換成可以更廣泛應用的『概念』？」

這時，我們如前述進行抽象化、寫下筆記，並且妥善運用以下兩個觀點：

「現況最適化」的觀點
「懷疑現況」的觀點

在「讀觀點」時，我們已經替換成通用性較高的觀點，所以根據這些「觀點」，將「準則」抽象化後，應該就可以置換為通用性更高的「準則」（圖11）。

「現況最適化」的觀點→改善容易停滯。
「懷疑現況」的觀點→容易進行根本性的改革。

☆應用、使用準則　①招募新人

接下來讓我們試著思考關於此準則的「應用」。

比方說，考慮以招募新人為例的應用方法吧！

你負責招募企業的應屆新人。假設去年應屆畢業生的應聘人數為一百人、來面試的有五十人、錄取十人。著力於應屆畢業生招募網站、畢業生招募宣傳手冊等方式，或許可以讓今年畢業生應聘人數增加至一百一十人、面試人數增加至五十五

圖 11　讀觀點→找準則〔實際案例2的流程圖〕

「讀觀點」Step 1：從商業書中發現「觀點」。

「這段文章藏著什麼觀點？」
（這時要自問的問題）

「穩定改善」的觀點　　「重新思考前提假設」的觀點

▼

「讀觀點」Step 2：將「準則」抽象化、重新整理。

「能否換成可以更廣泛應用的『概念』？」
（這時要自問的問題）

「穩定改善」的觀點 → **「現況最適化」的觀點**（觀點①）

「重新思考前提假設」的觀點 → **「懷疑現況」的觀點**（觀點②）

▼

「找準則」的Step 1：從商業書中發現「準則」。

「這段文章藏著什麼Know-How或是經驗法則？」
（這時要自問的問題）

「穩定改善」 → **生產力的提升有限**（準則①）。

「重新思考前提假設」 → **容易大幅提升生產力**（準則②）。

▼

「找準則」的Step 2：將「準則」抽象化後，再重新整理。

「能否換成可以更廣泛應用的『概念』？」
（這時要自問的問題）

**結合發現到的觀點與準則，
產生通用性更高的準則**

「現況最適化」的觀點（觀點①）→ 改善容易停滯（準則①）。

「懷疑現況」的觀點（觀點②）→ 容易進行根本性的改革（準則②）。

人、錄取人數增加至十一人。

然而，這是「現況最適化」的觀點。如果運用「現況最適化↓改善容易停滯」的準則，應該很可能就會在某個臨界點受到限制。「在同樣的預算下，使錄取人數倍增為二十人」本來就相當困難。

另一方面，若使用「懷疑現況↓容易進行根本性的改革」準則，狀況會如何變化呢？如果可以對現況有所懷疑：

- 最初的錄取目標為二十位，他們全部都必須是應屆畢業生嗎？不能是已經有經驗的轉職者嗎？
- 不增加應屆畢業生的應聘人數，直接招募二十名優秀的學生不就好了嗎？

如上述，就容易產生不被現狀綁住手腳的創新發想。或許就會比較容易進行根本性的改革。

☆應用、使用準則 ②行銷

接下來，我們再試著把這個「準則」應用在行銷上。

假設你在一家納豆製造公司擔任行銷員工，正在煩惱銷售量低迷。

若從「現況最適化」的觀點來看，因為現況就是在納豆市場中作戰，因此會發想出：「如何在納豆市場內贏得這場競爭商戰？」

那麼，你應該會羅列出會互相競爭的納豆商品，思考「如何贏過競爭對手Ａ」、「如何贏過競爭對手Ｂ」等的問題。

然而，只應用「現況最適化→改善容易停滯」準則，結果或許就會有限制。

另一方面，如果採用的是「懷疑現況→容易進行根本性的改革」準則時，又會有怎樣的變化？

如果抱著「懷疑現況」的觀點，就會質疑「我們應該攻占的真的是納豆市場嗎」。

那麼，大家就會開始注意「納豆」其實是「放在飯上的東西」，因此可以轉變為發想出「在可以放在白飯上的商品市場中作戰」。

這樣一來，或許就能夠找出更大的可能性，例如：「從香鬆市場中搶顧客」、「從海苔市場中搶顧客」、「從食用辣油市場中搶顧客」等。

因為重要，所以我反覆提及，和「觀點」一樣，如果也能夠將「準則」抽象化後、再重新掌握，就能夠突破商業書中撰寫的內容框架，擴大應用範圍。

從本書「找準則」中，獲得的「三十八條準則」

我想截至目前為止，各位已經不只可以理解「讀觀點」，也能了解「找準則」的優點了。

「找準則」的關鍵在於並非「單純背下」商業書中的經驗法則或是know-how就結束了，而是將從商業書中獲得的「準則」抽象化、擴大應用範圍，把產出擴大成好幾倍。

本章節想傳達「發現準則的方法」與「準則的應用方法」，為此還是僅能以拙著來介紹。

然而，本書也算是商業書，如果能夠在本書中仔細運用「找準則」，應該可以發現散落在各個角落的準則。

因此，在本章節最後重複複習，介紹本書截至此處散落的「三十八條準則」。

在此，我希望你一定要挑戰這件事。

那就是針對各個「準則」提出「為什麼」的疑問。準則是「如果那樣做↓就容易變成這樣」的因果關係，因此遇到「為什麼出現這種準則」的問題時，請務必思考「如果那樣做↓就容易變成這樣」中「↓」的部分，並且去理解「↓」機制。

比方說：

閱讀商業書↓可以提升商務成功機率。

這個準則是指「閱讀商業書（↓是因為作者累積了數年、數十年的成功經驗），可以提升商務成功機率」。

閱讀商業書↓可以獲得一輩子的助益。

這個「準則」是「閱讀商業書（↓因為可以取得非當場會消耗掉的「知識」，而是能夠對未來有所幫助的「觀點」、「準則」），可以獲得一輩子的助益」。

這樣一來，我們就可理解「為什麼會出現這個準則」。

因此，要將「準則」與他人共享時，就可以把「根據」和「理由」一起表達，藉此提升產出力。

經歷上述這些過程，請試著看一下截至目前為止，散落於本書內容中的「三十八條準則」。

如果出現「咦？這條準則想表達什麼」的疑問時，請再度用「找準則」的方式閱讀本書，並且提出「為什麼」的疑問。

☆「閱讀商業書」的相關準則

1 閱讀商業書→可以提升商務成功機率。
2 閱讀商業書→可以降低商務失敗機率。
3 閱讀商業書→可以增加「觀點」與「準則」。
4 閱讀商業書→可以汲取作者的職涯經歷。
5 閱讀商業書→可以入手作者的思考路徑。
6 閱讀商業書→可以學習系統化的理解力。
7 閱讀商業書→可以學會解釋力。

8 閱讀商業書↓可以培養思考力。

9 閱讀商業書↓可以獲得一輩子受益的能力。

10 閱讀商業書↓能減少生命的浪費。

11 固定主題式閱讀同一領域的商業書↓比較不容易忘記商業書的內容。

12 固定主題式閱讀同一領域的商業書↓可以清楚發現「不可或缺的重要本質」。

13 固定主題式閱讀同一領域的商業書↓可以擴大視野。

14 固定主題式閱讀同一領域的商業書↓可以讓知識系統化。

☆「觀點」相關的準則

15 增加「觀點」↓可以擴大「思考什麼比較恰當」的選項。

16 增加「觀點」↓可以排除「卡關」。

17 增加「觀點」↓可以讓目前所見世界的「輪廓」更清晰。

18 增加「觀點」↓可以提升目前所見世界的「解析度」。

19 增加「觀點」↓可以設定適當的「議題」。

20 增加「觀點」↓可以產生「其他選項」。
21 增加「觀點」↓可以產生「新的概念」。
22 抱持著「懷疑」↓可以成為增加「觀點」的契機。

☆「準則」的相關準則

23 增加「準則」↓可以快速導引出精準度較高的「假說」。
24 增加「準則」↓可以讓未來世界的「輪廓」更加清晰。
25 增加「準則」↓可以提升對未來世界的「解析度」。
26 增加「準則」↓可以推測出「問題的原因」。
27 增加「準則」↓可以妥善運用「架構」。

☆「抽象化」的相關準則

28 進行「抽象化」↓可以擴大產出的應用範圍。
29 學會「應用力」↓成為「不論做任何事情都很優秀的十項全能者」。

☆「競爭力」的相關準則

30 學會思考力↓容易塑造自己原創的競爭力。
31 在短時間內取得的競爭力↓容易在短時間內被模仿。
32 歷經長時間取得的競爭力↓長時間、難以被模仿。
33 肉眼可見的競爭力↓容易被模仿。
34 肉眼看不見的競爭力↓難以被模仿。

☆「知識」的相關準則

35 即使只理解「知識」↓只不過是背書。
36 不只理解「知識」，還能夠理解「知識之間的關係」↓可以學會運用知識的能力。
37 能夠將「背景」搭配對照「知識」↓可以解釋資訊、知識。
38 愈是有助益的知識↓容易快速普及、成為「大家都知道的知識」。

第五章

十倍閱讀的產出方法

產出的四步驟

商業現場不是「辦讀書會的地方」，而是「辦發表會的地方」。

然而，許多人往往帶有先入為主的觀念，認為「要先從讀書開始」，因此行動大多偏重於輸入（input）。

例如，像「閱讀商業書」、「參加商務讀書會」、「考取證照」等典型例子。

由於這些輸入方法不會失敗，也讓人感覺「充滿幹勁」，或許還會讓大家覺得自己是「很熱衷學習的人」。

然而，輸入的東西只停留在大腦，所以拿不出任何成果。

另一方面，產出是伴隨提出成果的行動。

典型的方式像是「在會議中發言」、「提案」、「傳授know-how」、「召開讀書會」等。

「產出」必須以可見的形式表現出個人獨有的思考或智慧，因此即使你不喜歡，還是可能會遭受周遭的批評指教。此外，因為還可能「失敗」，因此「重視輸入」的人很容易覺得不安、沒自信。

然而，請思考一下「究竟輸入的目的是什麼」。

「輸入」是為了補足想要實現「產出」的必要之物，原本就扮演輔助的角色。真正的主角是「產出」，如果沒有和「產出」連結，那就本末倒置了。

因此，我將在第五章中說明如何「產出」從「十倍閱讀」學習到的四大步驟！

步驟一：將手寫筆記轉記到筆記APP。

步驟二：進行情境模擬訓練並活用於日常工作。

步驟三：改變組織的力量。

步驟四：與社會共享。

那麼，接下來就讓我們一一說明吧！

將手寫筆記轉記到筆記APP

「產出」步驟一

建立「觀點、準則列表」

首先，希望各位實踐的是把從「十倍閱讀」學到的「觀點」、「準則」轉記到筆記APP。

已經完成十倍閱讀的你，應該已經在商業書的許多頁面空白處，留下手寫的「觀點」或「準則」才對（照片2）。

然而，在商業書上寫完的筆記，倘若沒有再讀那本書，也無法重新確認那些刻意學到的「觀點」或「準則」。結果總有一天會忘記。

此外，隨著閱讀量增加，想要重新確認先前學到的「觀點」或「準則」時，恐怕會搞不清楚「是看哪一本商業書獲得的」，而必須耗費時間重新尋找。

因此，請將十倍閱讀留下、手寫筆記的「觀點」或「準則」轉記到筆記APP上。這樣一來，就可以完成你專屬、原創的「觀點、準則列表」。在過往「讀觀點」和「找準則」的段落中，我已經提醒各位注意「之後這個筆記會發揮極大的效果」，就是為了要製作這個「觀點、準則列表」。

閱讀商業書時手寫筆記，再將該筆記轉記到筆記APP上，即可逐步建立起「觀點、準則列表」。這「觀點、準則列表」今後將會成為你的資產。

只要使用順手的筆記APP即可。建議可選擇能夠將筆記上傳到雲端硬碟儲存，不論用智慧型手機或電腦都能寫入、讀取的APP即可。此外，如果該應用程式有列表功能，推薦使用「摘要目錄」會更方便整理。

☆「觀點、準則列表」使用範例

轉記到筆記APP的方法並沒有所謂的「正確答案」。

最重要的並非「是否為正確答案」，

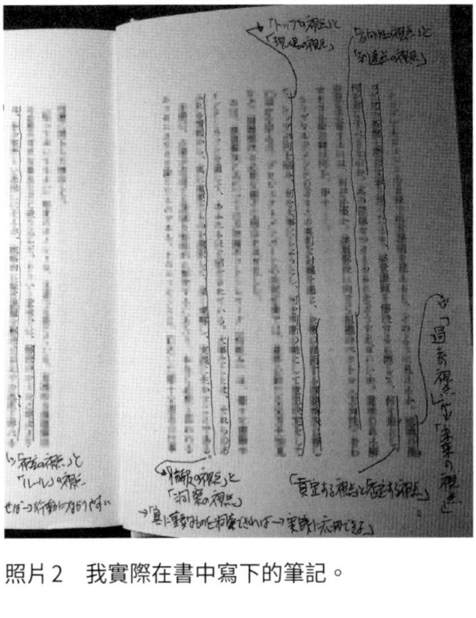

照片2　我實際在書中寫下的筆記。

而是「能否提供助益」，因此只要對自己而言是最容易、最有幫助的轉記方法即可。

我習慣採用「一整組」的方式轉記，並且製作成「觀點、準則列表」。

書名

- 已畫線的文章段落
- 發現的觀點（或準則）
- 抽象化的觀點（或準則）

具體範例如下：

《耗時工作完全消除 超效率聖經》

- **已畫線的文章段落**

  工作之所以出現遺漏或重複，都是因為只將觀點集中在部分程序上，對「整體程序」視而不見所造成的。首先，我們要全面檢視「接下來的必要程序」。

- **發現的觀點**

「整體程序」的觀點
「部分程序」的觀點

- **抽象化的觀點**
整體的觀點
部分的觀點

- **準則**
定義出「整體」後，再拆解成「部分」↓可以讓事物更有效率地進行。
把原本認為是「整體」的事物，重新當成「部分」↓可以擴大視野。

- **應用範例**
資訊收集：定義出「應該收集的資訊整體樣貌」後，如果能拆解出「部分」，就可有效率地完成沒有遺漏且不重複的資訊收集工作。
資料製作：考量資料的整體結構後，再拆解成個別的內頁，內容就難以出現遺漏或重複。
行銷：重新將目前參與的市場當成「部分」，就會比較容易發現過去未曾發現的新市場（整體）。

「觀點、準則列表」的四個優點

當你聽到「把手寫筆記轉記到筆記ＡＰＰ」時，或許會覺得「真麻煩」。

然而，這個舉動卻可以為你的原創「觀點、準則列表」，帶來比預想更多的四大優點。

☆獲得成就感　「觀點、準則列表」的優點①

第一個優點是進行十倍閱讀時，可以在建立「觀點、準則列表」的過程中，實際感受到「成就感」。

十倍閱讀必須「邊思考邊閱讀」，因此不論如何都會比「逐字精讀」或「略讀」來得更有負擔。既然如此，想要每次都能擁有「可視的成就感」非常重要。

只要能夠掌握「建立觀點、準則列表＝個人成長」，「轉記到筆記ＡＰＰ的過程」本身就會成為持續進行十倍閱讀的巨大動機。

☆獲得閱讀以外的觀點與準則　「觀點、準則列表」的優點②

第二個優點是可在列表上增加「從十倍閱讀『以外』的地方、學到的東西」。

你應該已經透過十倍閱讀，提高對「觀點」或「準則」的留意程度。

這樣一來，除了透過商業書，在每天與同事的溝通、會議或研修、座談會裡，會提升自己關注「啊，這邊有個觀點」或「啊，這或許會是個準則」之類的機會。

這種時候，如果能夠利用筆記APP建立「觀點、準則列表」，就可以在當下新增「觀點」或「準則」。比方，如以下的要領：

業務山田先生的主張

- **對話內容**

「想從單方面的角度談論事情，是典型的錯誤商務溝通範例。業務技巧中最重要的是先詢問負責人。能夠讓對方願意開口講出多少話，才是業務技巧的核心」

- **發現的觀點（或準則）**

「業務談話」的觀點

「傾聽負責人」的觀點

如果當場就可以把上述內容加入「觀點、準則列表」中，返家時在電車中就可以重看筆記APP，並且思考：

「能換成可以更廣泛應用的『概念』？」

把想到的內容如下加入。

- **抽象化的觀點**

「自己發出訊息」的觀點

「從對方角度回推」的觀點

- **抽象化的準則**

將談話內容用「自己的大腦」檢索→變成以自我為中心的語句

將談話內容用「對方的大腦」檢索→成為能符合對方需求的對話

像這樣利用筆記APP整理「觀點、準則列表」，且將從商業書以外的管道學習到的內容加入「觀點、準則列表」，可能可以建立更多。

最終的目的是「增加自己獨特的觀點或準則」，因此十倍閱讀只不過是其中一種方法。在日常工作或生活中，「增加觀點或準則的機會」應該可無限滾動出現。

☆隨時間推移而有新發現 「觀點、準則列表」的優點③

第三個優點是後續回顧時，可以引發新發現。

根據調查，人們一天看、使用智慧型手機的次數平均為五十六次。如果是利用智慧型手機的筆記APP記錄「觀點、準則列表」，那麼不論是在辦公室、家中、電車上，隨時隨地想看時都可打開來參考、新增寫入（照片3）。也就是說，不論任何時間或地點，都可以來回思考「觀點」與「準則」。

此外，經過長時間建立起來的「觀點、準則列表」，可能會帶來意想不到的發現。即使人們看到的是相同的事物，也會因為「身處狀況的變化」或「自己的成長」不同而改變了見解。

如果能夠在筆記APP中建立「觀點、準則列表」，就能因應所處的狀況變化或自己的成長，而發現不同對事物的見解或應用方法。

☆可以運用於實務 「觀點、準則列表」優點④

第四個優點是可以隨時參照「觀點、準則列表」，並且運用於實務。

如果我們是「天才」，或許經常會靈感乍現。然而，包含我在內，多數人多為凡人。這麼一來，因為不能仰賴靈感乍現，就要好好善用十倍閱讀賜與的成果「觀點、準則列表」。

我個人在工作上卡關時，經常打開智慧型手機的筆記ＡＰＰ，看看「觀點、準則列表」。這麼一來，由於各式各樣的「觀點」都已經用列表方式羅列其上，因此就會注意到自己是否「在無意識下，不小心一直執著於觀點的單一處」或「思考範圍過於狹隘」。

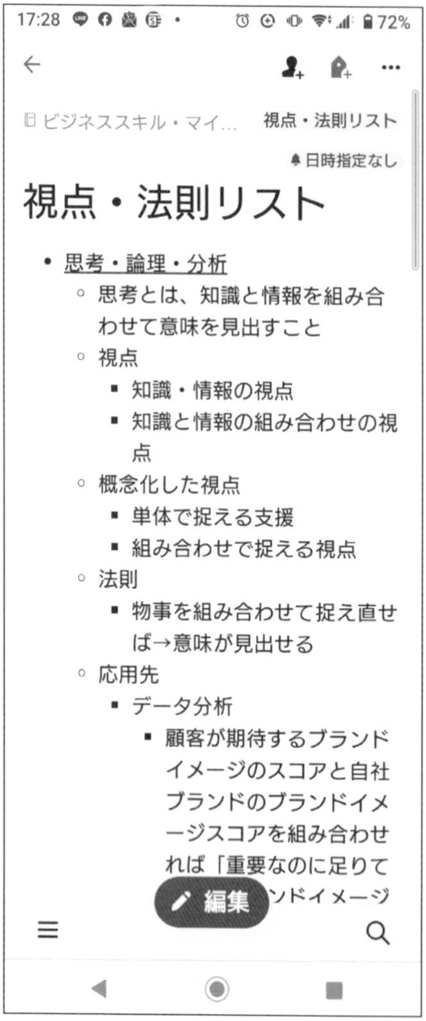

照片3　作者儲存在智慧型手機裡的「觀點、準則列表」截圖畫面。

而且，即使有些勉強，透過把大腦切換至列表中羅列的各種「觀點」嘗試思考，有時會發現意想不到的突破策略。

在「準則」方面，透過「能否換成可以更廣泛應用的『概念』」的提問，應該已經把應用範圍擴大了，因此參照羅列於「觀點、準則列表」上各式各樣的「準則」，就能夠較易建立「這樣做應該是最佳解答吧」的假設。

可惜的是，我們並不是「天才」，因此必須有確實活用的方法論，才能將從十倍閱讀得來的學習從「庫存」中轉化出來。

進行情境模擬練習並運用於日常工作
「產出」步驟二

將「觀點」或「準則」具體落實在實務上

將從十倍閱讀習得的「觀點」或「準則」轉記到筆記APP後，接著就是「一邊進行情境模擬練習（image training），一邊運用在日常工作中」的步驟。

我們在第一章中談論過，為了容易產出學到的事物，必須有以下這兩大觀點。

- 可學習到的「有用程度的高度」。
- 可學習到的「應用範圍的廣度」。

關於「有用程度的高度」，我想已可透過十倍閱讀發現各式各樣的「觀點」與

「法則」。

再者，有關「可學習到的應用範圍廣度」應該也可經由下述提問，讓想法從個別且具體的情境中脫離，置換成可以更廣泛應用的「概念」。

「能否換成可以更廣泛應用的『概念』？」

接著，就要具體地落實在實務上，使其「具體化」。

針對已經取得的「觀點」或「準則」，運用在你每天都要進行的「資訊收集」、「分析」、「資料製作」、「報告」、「提案」、「規畫」、「溝通」、「會議」等形形色色的業務上，一邊進行以下的情境模擬練習：

「能否將觀點與法則應用在具體的實務上？」

一邊落實在實務上。

比方說，我們透過十倍閱讀取得了以下的觀點：

●「增加」的觀點
●「減少」的觀點

然後，透過情境模擬練習，試著將這兩個觀點以何種形式、應用或具體化在什麼實務上。

☆情境模擬練習實際案例 ①資訊收集

首先，試著想像你在「收集資訊」。

將前述兩個觀點套用在「資訊收集」時，你的行動會有什麼改變？

我想商務人士通常會耗費很多時間在「調查什麼」的資訊收集上。但是，各位應該都發生過耗費過多時間蒐集資訊，結果逼近截止期限的經驗吧！愈是認真且仔細的人，就容易愈重視「完整收集所有的資訊」，而發生「資訊愈多愈好」、「資訊最好不要有所疏漏」。這就是典型的「增加」觀點。

然而，相反地如果我們運用的是「減少」的觀點，不去「追求資訊量」，就會發想出「挑選必要、最低程度的資訊」。

資訊是為了「判斷」而收集，如果耗費時間、光顧著收集量就會變成「這個也要、那個也要」，就本末倒置了。所以，聚焦於「有助於判斷的必要、最低限度的資訊是什麼」，從優先順位較高的資訊依序收集，就可以用最少的勞力收集到「有助於判斷」的資訊。

這就是「減少」的觀點。

如果能進行前述的情境模擬練習，就可以從「減少」的觀點發現「目的」的重要性。

如果能夠明確化「資訊收集的目的」，知道「進行判斷時必要的資訊為何」就能夠更聚焦於應該收集的資訊。

假設網羅收集到的資訊中有二〇%是「判斷的必要資訊」，就可以減少八〇%的勞力與時間，或許還能因此大幅提升資訊收集的生產力。

☆ 情境模擬練習實際案例　② 資料製作

接著，我們試著進行情境模擬練習，思考如何具體應用在「資料製作」上。

資料製作者通常都是案件的負責人，所以比任何人更深度思考、理解內容。因此，經常傾向把自己擁有的資訊全塞進報告中。這就是典型的「增加」觀點。

然而，從資料讀取者的角度來看，隨著記載於資料上的資訊增加，往往會更難以理解整體樣貌與條理，並且不容易掌握結論或論述的主旨。結果有人就會反應：「你的資料很難懂」、「不知道你想表達什麼」。

另一方面，如果先採取「減少」的觀點，就可質疑反饋者說的「很難懂」的原因是，資訊內容分量過多造成無法輕易理解「整體樣貌」、「說話的條理」或「結論」，而非「不懂得內容」。

因此，我們必須思考能否製作出不會耗費讀取者時間、簡單又不累贅的資料。這樣一來，不僅可以縮短資料製作時間，也能減少讀取者的讀取時間，應該能大幅度地提升資料製作的生產力。

☆ 情境模擬練習實際案例　③溝通

最後試著想像如何將觀點應用、具體化在「溝通」上。

各位是否曾經有這樣的經驗？明明拚了命地向對方說明，結果卻被說「你講太多了」、「我完全聽不懂你想表達什麼」。

這個原因出自於我們往往只是將所見所聞的事物直接「照抄描寫」下來並講出口。換個方式來說，我們的陳述說明會變成僅是「事實的羅列」。也就是說，這是所謂「增加的觀點」。

另一方面，若切換成「減少觀點」來思考，情況又會如何改變？

站在「減少觀點」上，就變成要去思考「聽者最少想要聽到什麼」。

於是，就會發現在沒有太多時間的情況下，聽者最低程度想聽到的是「結論」與「依據」。這樣一來，陳述說明的架構就會變成是先講出「結論」，再說明「為什麼會出現這個結論」的依據，只有在被特別要求時，才講出「過程」。

如前所述，利用「觀點、準則列表」進行情境模擬練習可以連結「十倍閱讀」與「實務」，這是將應用範圍擴展到實務時，極為重要的步驟。

「觀點」或「準則」已記錄在筆記ＡＰＰ中，就不會受限於時間或地點，不論身處咖啡廳或電車上，應該都可隨時進行情境模擬練習。

改變組織的力量

「產出」步驟三

「產出」最初的目的是？

你對「產出」帶有什麼印象呢？

閱讀術的相關書籍，幾乎毫無例外都會寫到「閱讀後，要有所產出」、「閱讀的目的是為了產出」。然而，在此我希望大家先以以下的觀點思考「產出」一詞。

「目的」的觀點
「手段」的觀點

所謂的產出是指「目的」嗎？還是「手段」呢？

我認為「產出」本身無法成為目的，而是當成某個目的的「手段」。

那麼，「產出的目的」是什麼？

不論任何工作，都是由個人的產出累積而來。既然如此，思考「你的產出目的為何」的問題時，其實近似於提問極為深奧的問題：「你工作的目的是什麼？」

或許你針對「工作的目的為何」的回答是「為了得到高收入」。我無意否定這個思考方式，但是「為了得到高收入」的目的，恐怕蘊含「整個職涯都被金錢左右」的危險性。

或者，你的回答可能是「為了晉升更高的職位」。這個思考方式也不能說錯，但是「為了晉升到更高職位」的目的，恐怕藏有「整個職涯都會不斷受制於他人評價」的危險性。

假設你身染什麼重病，只剩不到六個月的壽命，在這期間你還會為了「高報酬」或「高職位」而產出嗎？

先前曾聽過一位臨終醫療專業人員的談話。

當患者被告知「僅剩六個月壽命」時，據說在最初的一、兩個月，大多會把時間花在個人本位的「享樂型事物」上。也就是說，他們會變得認為「工作」或「努力」很愚蠢，而追求「以個人喜好為主的享受」。

然而，在一、兩個月後，幾乎所有患者都會後悔「把珍貴的時間用在那些無意義的事物上」，而開始思考「現在還有什麼是我能夠對這個世界做的」。

偶爾從新聞上看到一些已被宣告死期的人，在生命終結之前拚命舉辦講演活動或出版書籍。他們的動機絕非為了賺講演費或版稅，而是「希望能在生命終結前的有限時間內，盡量做有助世界的事情」。

有些人或許覺得忌諱，但還是請你試著想像瀕臨死亡之前的狀態。你會認為離開人世時「擁有高收入的人生太棒了」是幸福的人生嗎？「晉升到高職位的人生太棒了」才是沒有遺憾的人生嗎？

真正幸福的辭世狀態或許應該是有家人與眾多朋友、同事陪伴在側，聽到大家惋惜地對你說：「感謝你過去的陪伴」、「真希望你能活得再久一點」，然後再嚥下最後一口氣。

如果是這樣的話，工作的目的就會變得相當明確。

那就是由家人、朋友、同事，甚至是社會上遇到的許多人願意向自己說聲：「謝謝」、「有你在真好」。

這樣一來，「產出目的」就會非常清楚。

從「對方回推」的觀點來產出

產出就是「ＯＵＴ＝向外提出」，這個詞彙的發音很容易讓人不小心從個人的角度發想——「以個人為中心，把某些東西往外推」。

然而，產出的本來目的是為了對某人有所助益，而對方因此願意向你說出「謝謝」、「有你在真好」。

也就是說，應該要從對方的角度回推來看。

- 「從個人角度發想」的觀點
- 「從對方角度回推」的觀點

你如果已實踐「十倍閱讀」、從商業書中獲得了很多學習，請務必此次站在傳授者的立場，思考如何分享對誰有所助益的方式，並且轉換為組織的力量。

最近，許多企業導入當成資訊共享一環的「公司內部落格」或「公司內部ＳＮＳ架構」。如果你服務的企業也導入了這類工具，就可以試著將從十倍閱讀中學到的東西，簡單彙整成簡報，並且試著跟大家分享這個資訊。

將個人學到的東西彙整成簡報，就不能「只有文字」。這麼一來，製作成簡報檔時，還需要放入「圖解表現」，在製作過程中就可以明顯發現「自己在此處的理解還不夠」等「明明以為已經了解的事物，實際上卻還有不太了解的地方」。

此外，自己也可從中學習到「產出的方法」，像是「這樣的表現方法太難以讓他人理解」等。

我習慣將自己學到的內容製成簡報，並且積極地在公司內部SNS投稿。比方說，「學習思考力的簡報資料」、「學習觀點與準則的簡報資料」、「學習提升生產力的簡報資料」等。

投稿之後，因為一定有些人給我建議或回饋，這又會成為我的學習、鼓勵。此外，在投稿好幾年後，有時候還會有人來拜託「能不能根據某份資料召開一場讀書會呢」。

此外，製作成簡報資料後，也可以試著在所屬部門內規畫、召開部門讀書會。最近遠距參與的機制已經逐漸完備，大家不需要真的聚集，與會的門檻應該已經大幅度降低。

我位居管理職，從管理職的角度看到團隊成員能自發性地主動承擔「想要在部門內召開讀書會」，會感到非常開心與欣慰。

圖12 學習金字塔

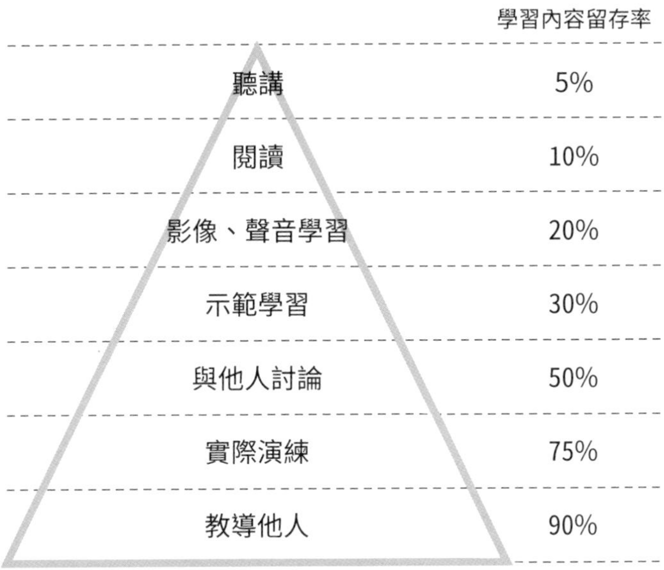

當然，他們能夠獲得「有人願意分享學習到事物」的「實際利益」已經很感恩，但還願意更進一步「自發性地」籌組讀書會，更可以感受到他們的成長。

學習金字塔

根據美國國立訓練研究所的研究結果，他們提出了可以將「學習方法與學習內容留存率關係」系統化的「學習金字塔（Learning Pyramid）」（圖12）。

根據學習金字塔，學習方法與學習內容留存率的關係可以用以下七階段來表示。

在十倍閱讀中，這個「學習金字塔」也算是非常重要的思考方式，分別介紹下面的各個階段。

①聽講：學習內容留存率五%

所謂「聽講」是指參加研修課程或商務研討會。

這容易變成只安靜聽老師說話，所以只要學習者對內容沒興趣，多半會忘記。

你是否曾經歷過「當下覺得有用，但事後回想卻不太記得」的經驗。

單純「聽講」的學習內容留存率只有五%，因此只有透過課堂授課並不能說是有效的學習方法。

②閱讀：學習內容留存率一〇%

這是指閱讀商業書。光是從自發性、主動面對商業書來看，學習內容留存率傾向比聽講來得高。

然而，什麼事都不做，只是單純翻閱文章內容並無法牢記在大腦中。

只「單純閱讀」，學習內容留存率並不高，只有一〇%。

③影像、聲音學習：學習內容留存率二〇%

典型的範例是「線上數位學習」。

比起像商業書般「以文章方式羅列」，線上數位學習是以圖解方式說明複雜的內容，以影片方式呈現，更能讓人留下較深刻的記憶。

學習內容留存率為二〇%。

④示範學習：學習內容留存率三〇%

「透過示範學習」就是所謂的「demonstration」，也就是「實際演練」。

你在職場導入資訊工具時，不知道是否遭遇過「對方以提案書說明無法充分理解，但看到示範後，開始理解其中優點」的經驗呢？

示範學習是「若不清楚，可當場詢問」的學習方法，「進行示範者」與「觀賞示範者」會產生雙向交流，因此可產生更深入的理解。

學習內容留存率為三〇%。

⑤與他人討論：學習內容留存率五〇%

「與他人討論」，比方說像團體討論、工作坊等。

為了與身邊其他人討論，必須理解各式各樣的意見、並與之比對個人的想法才能確立意見。

此外，有條理地說明自己學習到的東西，例如努力藉由話語讓對方更容易理解等，因為採取較為積極的態度更能提高學習內容留存率。

從學習金字塔來看，與他人討論的學習內容留存率為五〇％，從這個階段開始留存率超過一半。

⑥實際演練：學習內容留存率七五％

從⑤到⑥這個階段，學習內容留存率從五〇％變成七五％，一口氣提升了二五％。

也就是說，只要「實踐」就能夠讓學習的留存率更穩定。

把學習移轉到「實踐」，就能夠理解那些原本在腦袋裡空想、但又無解的「細微差異」或「關鍵技巧」。

「那麼，就開始實踐吧」，這件事情或許很需要勇氣。

不過，在「十倍閱讀產出術」的步驟二（第一七六頁）中，我們應該已經反覆進行過形形色色的情境模擬練習。請務必拿出勇氣，試著反覆「站在打擊的位置」。

站在打擊位置上的頻率愈高，愈能累積更多的「擊球技巧」、成為個人資產。

此外，如果能夠掌握「擊球技巧」就會變得更有自信去面對接下來的挑戰或冒險，應該能帶來更多新的體驗機會。

⑦ 教導他人：學習內容留存率九〇%

這個階段是「將個人學到的事物教導他人」，可以說是學習的集大成階段。因為學習內容留存率達九〇%，與②相比，預期學習內容留存率將提升八〇%。

此外，也只有在這個階段能實現像「對誰有幫助的事物」、「改變組織的力量」等「從對方回推」的產出階段。

因為這是重要的內容，所以我反覆提及「產出並不等於以個人為中心，把某些東西往外推」，而是「產出＝對某人有所助益，對方會表達感謝」。

如此一來，別說「十倍閱讀」，從形形色色的事物上學習時，請不要只想「會有什麼幫助」，還要留意思考「是否會對誰帶來幫助」。

這時，以以下問題提問自己：

如何共享學習才能轉變為對方的熱情與成長呢？

與社會共享

「產出」步驟四

提高個人產出的影響力

有人說網路會讓理所當然的事物發生能量轉換（Power Shift），「從企業到個人」、「從規模到品質」皆是。

能否位於Google搜尋結果的前幾位，的確不一定取決於「發送訊息的企業規模大小」。即使像個人的部落格，只要符合檢索者需求，搜尋結果顯示的位置還是會比大企業提供的內容檢索結果來得更前面。

換句話說，現在的世界「只要內容品質夠好，一個人也能夠與大企業抗衡」。

此外，社交媒體也是同樣的情形，能否讓愈多人分享，並不會由「企業的規模」所決定。現在的世界是即使一個人的自言自語，只要有驚喜、體會或趣味，往往會比企業的官方帳號還能夠被許多人分享。

此外，亞馬遜也相同。在亞馬遜網路書店上決定銷路的，並非取決於「其是否為規模較大出版社所出的書籍」。現在是透過亞馬遜書評這種「集合眾人智慧」的方式來決定銷售情況的時代。

在真實世界中，「規模」能夠確保一定的優勢。然而，在網際網路廣泛滲透的世界，卻發生了典範轉移（Paradigm Shift）現象，人們在意的並非「規模大小」，而是「品質高低」。

此外，比起「從企業官方帳號發送的場面話、表演」，這個世界較容易接受「個人發出的真心話、本質」。這也可以說是「從企業到個人」的能量轉換推動力。

重新用「產出」的觀點來檢視這些改變，意味著即使是一個人的產出也無所謂，只要品質愈高就「愈能夠與社會共享、成為眾多人的力量」。

能夠實現上述情境的環境儼然成形。

只剩下你是否願意踏出這一步而已。

十倍閱讀的多樣產出園地

首先，請試著挑戰網路書店或書評投稿網站的書籍評鑑投稿吧！

如果遇到打從心底覺得「很棒」的商業書，可以試著投稿說明自己學習到了什麼「觀點」或「準則」，以及「能如何活用」。

你個人的單篇投稿有機會吸引許多目光停留，或許有人因此買下你所推薦的商業書。該本商業書就會成為眾人的力量，改變他們的人生，有助於別人邁向更好的職涯。那可說是非常棒的「產出」吧。

許多網路書店或書評投稿網站，設計出針對投稿表達「真是有用的評論」、「讚」等回饋機制。也就是說，可以知道「這是對誰有所助益的產出」，這個機制能支撐投稿人的根本動機。

☆亞馬遜網路書店評價

單就亞馬遜網路書店的情形來看，亞馬遜網路書店有「評鑑者排行榜」的機制。他們會根據「投稿評鑑的篇數」、「獲得他人按下好評的次數」等，將曾在亞馬遜網路書店投稿評論的讀者設計了排行榜。

發表評價的本質並非「坐上排行榜前幾名」，但是查詢評鑑者排行榜的個人名次，支持了投稿評價的動機，能成為提出更高品質的參考。

☆ 書評網站

此外，我也推薦你可以自行設立「書評網站」。

書評網站通常採用「聯盟式行銷」（Affiliate Marketing），這是一種透過網路書店的經銷商機制，因此可以賺取兼差收入。

這個「兼差收入」可以說就是將產出（書評）的市場價值「轉換成金錢」。也就是說，「產出」產生了「價值對價」。

「以兼差收入為目標」並非是寫書評的本質，但「兼差收入＝市場價值的金錢換算」應該可以成為支持「產出能夠對誰有益」的根本動機。

提高個人市場價值的產出

再者，接受「從企業到個人」的趨勢，就能夠大幅提升「個人對社會產出的機會」。

除了網路書店或書評投稿網站、部落格以外，還有像「在社交媒體上的產出」、

「在note網站（https://note.com/）上的產出」、「在YouTube上的產出」、「透過Kindle自費出版的產出」、「透過ＰＯＤ（隨需印刷，Print on Demand）出版的產出」等，方式不勝枚舉。

「從企業發生能量，轉換到個人」，這句話或許也可以改成「我們無需仰賴大企業，這是個可以嘗試展現個人力量的時代」。

如果想對社會有益，希望能提高個人的市場價值，請試著把從商業書中學到的東西，面對社會產出吧。

第六章

預防期待落空！

十倍閱讀選書術

選擇商業書的三觀點

不想閱讀商業書的原因？

我想正在閱讀本書的你，到目前為止已經閱讀過許多商業書了。
如果有些商業書對你來說非常有幫助，那麼一定也存在不太有用的商業書。
最糟糕的狀態是「買了卻沒讀」，成了「囤積在書架上、等待被讀」的商業書！
為什麼會出現這種情形呢？
我認為可能有以下三個原因。

Why的觀點：不明確「為了什麼讀商業書」。
What的觀點：不明確「應該閱讀什麼主題的商業書」。

How的觀點：不知道「如何選商業書比較好」。

☆ Why的觀點

首先，我們就從第一個「Why的觀點」來說明。

閱讀商業書即使是「方法」，也並非「目的」。

假如把「閱讀商業書」本身當成目的，在不明確了解「為了什麼好處閱讀商業書」就開始閱讀。

於是，因為不具有「為了什麼好處」的觀點，理所當然的結果就是陷入「讀完也沒產生什麼好處」。

☆ What的觀點

接著，如果沒有第二個「What的觀點」，又會變得如何呢？

當「為了什麼好處而閱讀商業書」的Why不明確時，「應該閱讀什麼主題的商業書」的What也會變得不明確。

於是，下述兩個問題都不明確時，

● 閱讀什麼商業書比較好？
● 閱讀何種程度的商業書比較恰當？

結果就會出現「這並不是自己現在需要的商業書」、「和自己的程度不符」等期待落空的情形，因而覺得「這本商業書不太有用」。

☆ How的觀點

再來，第三個是「How的觀點」，也就是說如果不知道「如何選商業書比較好」，會很容易掉入「被商業書的書名或文案所騙」，這種狀態最糟糕。

在此，請各位務必記住，那就是「出版社出書絕對不是在做公益」。出版社也在做生意，因此即便擁有「出版文化推手」的理想抱負，當然還是要考量利益。

因此，從讀者方來看，在充分採納「商業書是商品」的前提下，就必須「選擇商業書」。

那麼，應該要透過何種流程去篩選商業書比較好呢？

在此，我一邊對照「Why的觀點」、「What的觀點」、「How的觀點」，告訴你自己如何篩選商業書的方法。

為了什麼讀商業書？ Why的觀點

為了明確知道「Why：為了什麼讀商業書」，依序以下三點就能有效進行。

①Be（＝狀態）：自己最初想要成為怎樣的人？

②Do（＝行動）：為了接近該狀態，自己要採取什麼行動比較好？

③Have（＝道具）：為了採取該行動，必須要閱讀何種商業書？

比方說，你是一名平面設計師。

- 你希望精進平面設計的能力，慢慢成為首屈一指的平面設計師？（＝Be）
- 你想要將設計結合行銷，走上懂得行銷的創意總監之路？（＝Be）

上述其一應該都會改變你應該做的行動（＝Do）。

假設「想成為具代表性的平面設計師（＝Be）」，就必須去調查清楚達成的必要條件（＝Do）、找出能夠補足身為平面設計師自身不足之處的商業書（＝Have）。

另一方面，「想要當上能將設計結合行銷的創意總監（＝Be）」，就必須仔細查出可搭配設計與行銷的必要條件（＝Do），結果著眼於對設計與行銷兩者皆很重要的「品牌管理」，或許去找尋能夠獲取品牌管理知識或know-how的商業書（＝Have）。

這樣一來，如果能夠依序從右至左達成這三個觀點，

①Be（＝狀態）：自己最初想要成為怎麼樣的人？

②Do（＝行動）：為了接近該狀態，自己要採取什麼行動比較好？

③Have（＝道具）：為了採取該行動，必須要閱讀何種商業書？

如此一來就能明確找到自己「為了什麼好處而閱讀商業書」的答案。

應該閱讀什麼主題的商業書？ What的觀點

接著，是要明確「What：應該閱讀什麼主題的商業書」的步驟。

在此，以下這個觀點會變得極為重要。

「整體」與「部分」的觀點

在此，為了讓各位能夠容易理解，請容我再次以設計師為例，繼續說明。

你身為設計師，以自己的方式去思考「Be-Do-Have」後，獲得以下的結論：

①**Be**：想要當上能結合設計與行銷的創意總監。

②**Do**：結果必須調查清楚能夠搭配設計與行銷的必要條件。

③**Have**：想尋找可獲得品牌知識或know-how的商業書。

於是，針對「品牌」，若採用以下觀點：

「整體」與「部分」的觀點

或許會出現「在品牌的整體分類中，並不存在個別專業領域」的可能性。

試著實際調查後，發現「品牌」還可以再區分為以下幾個領域。

整體：品牌

品牌中的個別專業領域：

品牌策略
品牌行銷
企業品牌管理
品牌設計
品牌管理

假如你「即使擅長設計，但在品牌上卻完全是個門外漢」，突然進入個別領域，因為不了解「該領域在整個品牌中的定位」，或許會更加混亂。

既然如此，即使多少有點繞路，先挑選出能解釋「整體品牌」概要的商業書，大致掌握「品牌」的概要後，再去閱讀個別領域的商業書補強，這樣的流程會比較扎實。

另一方面，假設你已經大致理解品牌的梗概了，在個別領域中挑選出「個人較為生疏領域」的商業書，藉此補強知識或know-how，應該就不會有太大的問題。

這樣一來，你就會更貼近Be：「想要當上能將設計結合行銷的創意總監」。

如何選商業書比較好？　How的觀點

接著，理解「How：如何選商業書比較好」，有助於挑選商業書的實際流程。事實上，在挑選商業書時的必要觀點可以大致分為以下三點。

內容：該商業書的內容是否符合自己的期待？
可信度：該商業書內容能夠信賴嗎？
程度：自己的程度能夠符合該商業書的程度嗎？

首先要確認的是「內容觀點」，也就是說「自己期待的內容是否與商業書內容相符」。不僅是商業書，許多書籍都是典型的「花錢買經驗」，「只有在付款後才能知道內容或品質」。這樣一來，如果沒多加注意、仔細選擇，多少會出現期待與內容「落空」的情形。

☆ 書名、書腰文字　內容①

為避免期待落空，最重要的是「別被商業書的書名、裝幀設計或書腰所誘惑」。

如你所想像，商業書的內容確實由作者所寫。然而，各位不太了解的是商業書的書名或裝幀設計、書腰文字等文宣都是由出版社決定的。作者沒有最終決定權。

看到這裡大家或許會感到疑惑，這其實有理由。

作者一旦寫出文稿，版稅就可在零風險狀態下入袋為安。即使當初決定「初版一刷六千本」，結果只賣出一百本，作者還是可以獲得六千本的版稅。

另一方面，出版社要面對的狀況卻大不相同。即便出版社將六千本配送到全國書店，如果只賣出一百本，就會有五千九百本退書。能夠獲得收益的只有被賣掉的一百本，剩餘五千九百本的印製費全會成為帳上赤字，必須由出版社自負虧損。加上，要支付保管退書的倉儲費用，且存貨在稅法上被視為資產，因此還必須負擔稅金。也就是說，出版社必須負擔書籍銷售的所有投資風險。

這樣一來，從出版社的角度來看，即使堅持成為「出版文化推手」，但「這項商品能否賣得出去」也非常重要。出版社的所有人都無法只靠呼吸過活，所以「把書賣掉」是必要且不可或缺的。

基於此理由，與書籍銷售直接相關的「書名」、「裝幀設計」、「書腰」，就由出版社負責，因此會不斷討論。

然而，這如果矯枉過正，就會造成相當大的副作用。那就是出現「釣魚式標題」。因為過於擔心「賣不出去」，所以為了在書店吸引讀者目光，就算超出那本商業書撰寫的本質或偏離作者想傳達的意思，也硬要放上「會讓人想要拿起該本書的釣魚式書名」。

結果就會經常聽到商業書讀者抱怨：「跟想像中不一樣」、「被書名給騙了」。為了避免這些狀況發生（在此對編輯感到非常抱歉），「請不要參考書名、裝幀設計或書腰」。

☆目次 內容②

那麼，要參考何處才能確認「商業書的內容是否符合自己的期待」呢？

首先，第一個地方就是「目次」。因為目次可以說是「本文內容的彙整」，所以只要稍微確認目次，即可掌握商業書的大致內容。

然而，編輯也都深知「讀者會參考目次來選擇商業書」。因此，有時候也會在原稿編輯階段，重新美化、修飾目次的文字。

☆〈前言〉的「本書結構」內容③

在此，我想建議各位在書店翻閱時，可以試著看看商業書的〈序章〉或〈前言〉。

親切的商業書會在〈序章〉或〈前言〉中，準備「本書結構」，也就是可以為讀者說明各章節「撰寫了什麼」的內容。

比方說，我就曾在拙著《提高解決問題能力的「推論」技巧》（問題解決力を高める「推論」の技術）的「本書結構」中寫了如下的文字。

我在第一章中定義了本書的「推論力」，並解說應該學會推論力的五大理由。讀者若閱讀此章節，應該可理解「推論力」是商務人士必備各項能力的「核心」，同時也是未來時代所冀求的高度稀缺能力。

第二章中我會解說「能夠產生優異洞察力推論法」的歸納法。

歸納法是在學習邏輯思考時，展開理論的必要方法，但世間的解說大多只觸及「理論展開的方法」。然而，在真正的意義上，若想熟練歸納法非常重要的是，不僅要知道它是「理論展開方法」，而且要理解、習慣「大腦使用方法的程序」、「可以在怎樣的局面下運用於實務」。

因此，本書會仔細闡明「採用歸納法的大腦使用方法」。此外，這不僅是針對歸納法的說明，還會透過利用歸納法的極限、加以應用，解說如何找出與至今常識不同、全新可能性的方法。（以下略）

撰寫於〈序章〉或〈前言〉中的「本書結構」，由於已經是商業書的本文，因此不太有「編輯的美化、修飾」。

換句話說，這就是讀者可最直接了解「寫了什麼內容」的地方，因此如果用心、留神於避免「期待落空」，就不要只看商業書的〈目次〉，也請參考撰寫於〈前言〉中的「本書結構」。

☆作者是否擁有足以撰寫該領域的經歷呢？ 可信度

接著，讓我們改從「可信度的觀點」來說明。

為了確認內容的可信度，我希望各位查看「作者的經歷」。請針對想閱讀書籍的領域，確認「是否為有實績的作者」。

比方說，你想閱讀的是行銷類商業書，那麼就可參考作者「在行銷領域是否有實務經驗」、「在行銷研究領域中，是否具學術實績」等，藉此確認內容的可信度。

近年來，社交媒體大舉入侵，不斷出現透過社交媒體而被大眾所知的網路紅人像「推特（Twitter）名人」、「知名Youtuber」等。由於這些網路紅人的追蹤數、頻道訂閱人數相當多，因此有些出版社會衝著所謂的「信徒狂粉」，邀請這些網路紅人執筆寫書。

當然，並非所有網路紅人的粉絲都願意買單，因為其中也有些商業書被認為「竟然會去寫非自己專業的內容」，所以如果發現作者是網路紅人，建議事前先把關對方「通常傳遞什麼數位內容」。

☆了解書籍程度的四個Check Point

接著是「程度的觀點」。

無論你需要的內容與商業書的內容多麼相符，無論商業書的內容可信度如何之高，若你需要的程度與商業書的程度有期待上的落差，恐怕也會「讀不到最後」、「覺得對自己沒有好處」而無疾而終。

因此，選擇商業書時，請確認以下四點。

- 「專業術語」的多寡
- 「深奧術語」的多寡
- 「邏輯展開」是否具一貫性
- 「抽象程度」的高低

☆「專業術語」的多寡　程度①

若你試著確認想選的商業書時，當中有許多不認識的專業術語，那就表示那本商業書對現在的你來說，還嫌太早。

因此，最好先選能用簡單的方式說明專業術語意義、適合初學者的書會比較保險。

☆「深奧術語」的多寡　程度②

「深奧術語」較多的商業書也是一樣。

這特別容易發生在學術作者身上，有些商業書會過於優先處理「學問上語詞定義的嚴格度」，而像論文般大量使用困難的用語。剛開始也最好避免接觸。

先閱讀稍微容易的商業書，等到具備一定程度的知識或思維的階段後，為了了解「理論性、有系統性的整理」，再閱讀會更有效果。

☆「邏輯展開」是否具一貫性　程度③

此外，也要在事前查證「理論展開是否具一貫性」。

特別要注意多位作者合著的商業書。因為每位作者的「邏輯」有微妙的不同，即使使用相同的商業用語，容易產生個別解釋出現些微差異的情況。

在知識尚淺的階段，閱讀「邏輯無一貫性的商業書」，往往會出現「結果是什麼、會變成怎樣」的感想，反而陷入混亂。

因此，未必保有邏輯一貫性的商業書可以在建立「個人專屬的邏輯」之後，進入擴展視角階段，再去閱讀。

☆「抽象程度」的高低　程度④

「商業書程度」的最後一個確認項目是「抽象程度的高低」。

所謂的「抽象程度」，在本書中所指的是「抽象化的比例」。也就是說「抽象程度高」意指內容不太有貼近生活的案例、將作者主張套用在自己身上時，不容易實際感受，意味「概念性的論述」。

這能夠在「擴大應用範圍」的意義下帶來效果，但是反過來說，困難點則是「難以讓人具體地想像」。

本書讀者應多為商務人士，最在意的應該是「思維模式（＝概念）」與「實際案例（＝具體）」之間的來回。

既然如此，首先避免抽象程度較高的商業書，最好先選擇思維模式與實際案例呈現較為平均的商業書。

☆選商業書時，從接近中間處翻開試讀

為了掌握「商業書程度」，請從接近中間處翻開，然後試讀個兩、三頁，應該就可以大致掌握「程度」。

為什麼是「接近商業書的中間處」呢？因為寫在商業書前半部多為「為什麼這本商業書撰寫的主題很重要」之類的「意義陳述」。

然而，「意義陳述」只是為了「引導」讀者繼續閱讀本題的內容而已，因此即使讀到此處，也不知道「本書主題內容的程度感」。

另一方面，商業書後半部的重要性通常較低，依情況而定我也看過有些商業書為了補足必要字數，最後變成在「閒聊」。

依據上述情事，即便閱讀商業書的後半部，應該也搞不清楚「本書主題內容的程度」吧！

用上述的方式思考，就可了解作者往往會把最想在商業書中傳達的「本書主題內容」擺在「商業書中間的位置」。

因此，為了掌握「商業書程度」，最好從接近中間處，開始試閱（圖13）。

圖 13　選商業書的觀點與流程

Why 的觀點　根據以下程序，明確化「為了什麼讀商業書」。

- ☑ Be（＝狀態）：自己最初想要成為怎樣的人？
- ☑ Do（＝行動）：為了接近該狀態，自己要採取什麼行動比較好？
- ☑ Have（＝道具）：為了採取該行動，必須要閱讀何種商業書？

▼

What 的觀點　用「整體」與「部分」觀點分別、判斷「應該閱讀什麼主題的商業書」。

- ☑ 要選擇什麼主題或領域？
- ☑ 該主題或領域，是否屬於個別、專業的主題或領域？

▼

How 的觀點　用「內容」、「可信度」、「程度」的觀點去確認「如何選商業書比較好」。

內容：該商業書的內容是否符合自己的期望？

- ☑ 書名、書腰文字
- ☑ 目次
- ☑〈前言〉的「本書結構」

可信度：該商業書的內容能夠信賴嗎？

- ☑ 作者是否擁有足以撰寫該領域的經歷呢？

程度：自己的程度能夠符合該商業書的程度嗎？

- ☑「專業術語」的多寡
- ☑「深奧術語」的多寡
- ☑「邏輯展開」是否具一貫性
- ☑「抽象程度」的高低
- ☑ 選商業書時，從接近中間處翻開試閱

善用網路書店選書的五步驟

在前一章節中，我們以「Why、What、How」三個觀點，告訴各位「能有助選商業書的方法」。

然而，這些選擇方法中，像是「確認目次」、「確認寫在〈前言〉中的『本書結構』」等的前提假設都是「可以站在街角書店翻閱」。

但是，在網路書店，未必有辦法事先確認「目次」或「前言」。

因此，接下來為了網路書店派的讀者，我會告訴你自己常用「在亞馬遜挑商業書的方法」。

網路書店派的讀者，舉例若想「找邏輯思考的書」，大多會在亞馬遜的搜尋欄位內輸入「邏輯思考」的關鍵字來搜尋吧。

然而，我通常會運用以下這幾個步驟來挑選商業書。

步驟一：查詢「暢銷排行榜」。
步驟二：查詢「人氣禮品排行榜」。
步驟三：查詢「出版年分」。
步驟四：查詢「顧客評鑑」的五星評分。
步驟五：查詢「顧客評鑑」的評論內容。

以下說明這五個步驟。

查詢「暢銷排行榜」 步驟一

我首先查詢「亞馬遜的各類暢銷排行榜」。

比方說，想要找「邏輯思考」的書，可以先查亞馬遜暢銷排行榜，再進一步找出「邏輯思考類」的暢銷排行榜（照片4）。

該頁面會依「暢銷排名」排列出邏輯思考相關的書籍，因此可以先查詢「哪些書賣得比較好」。

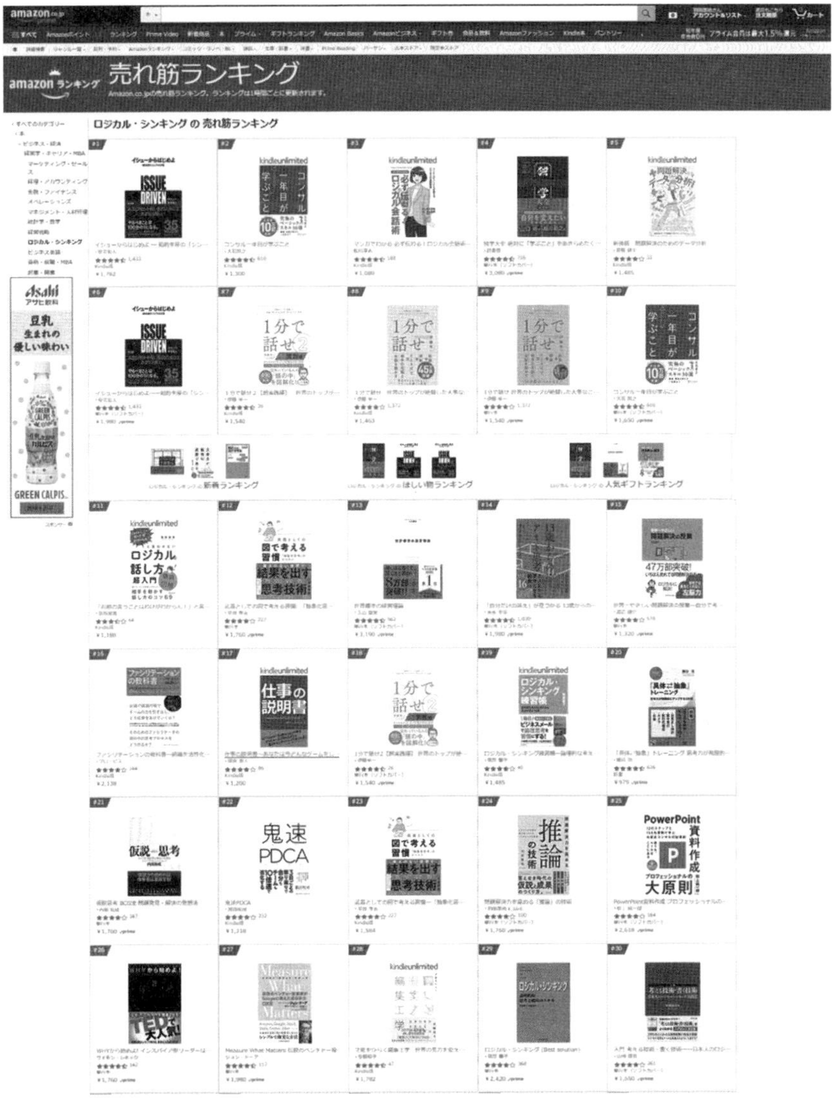

照片4　亞馬遜網路書店的「邏輯思考類」暢銷排行榜。

查詢「人氣禮品排行榜」 步驟二

然而，亞馬遜的暢銷排行榜也不能照單全收，因為「暢銷書不等於是適合自己的好書」。

比方說，推特名人、知名Youtuber，或者是擁有許多會員的美體沙龍企業負責人推出的商業書，通常會受到所謂的「信徒狂粉」支持而衝上暢銷排行榜前幾名。

此外，亞馬遜的暢銷排行榜每一個小時就會更新一次，所以如果「剛好遇到在那一小時內，有人狂掃大賣」，也會突然登上暢銷排行榜。

因此，我不僅會看「暢銷排行榜」，也會瀏覽「人氣禮品排行榜」（照片5）。

亞馬遜有個「人氣禮品排行榜」會統計哪些商業書「在亞馬遜商店被人當成禮品贈送」並排名次。這個排行榜是每日更新一次。

根據我的經驗可以說，能夠登上亞馬遜「人氣禮品排行榜」前幾名的書是好書的機率非常高。

這是因為，該本商業書「能夠被當成禮物販售」意味著：

「那是一本有人願意自掏腰包，並且推薦給其他人閱讀的商業書」

照片 5　亞馬遜網路書店的「人氣禮品排行榜」。

「將商業書推薦給其他人閱讀」的行為多少伴隨著推薦者本人的責任。再加上，還願意「自掏腰包」，表示該商業書為好書的真實性更高。

查詢「出版年分」 步驟三

再者，我還會點擊那本商業書的書籍介紹頁面，查詢「登錄資訊」欄位中的「出版年分」。然後，盡量從出版年分中挑出「已經出版好幾年」的商業書。

講到這裡，你或許會覺得不可思議。因為一般來說，人們往往會把目光放在可以獲得最新資訊或知識的「新書」上。然而，

- 迄今仍蟬聯「暢銷排行榜」的前幾名、
- 同時，還能位居「人氣禮品排行榜」的前幾名、
- 再者，「出版年分」還很久遠。

也就是說，符合這三點表示此書的內容並非一時片刻會消耗掉的「知識」，而是耐得住時代考驗、歷經長年歲月，而且具有通用、普世的「觀點」或「準則」。

出版年分較久遠的書籍，往往被稱為「經典」，許多知識分子有志一同推薦「經典」的理由也是如此。

步驟四　查詢「顧客評鑑」的五星評分

查完「出版年分」後，接著再來查詢顧客評鑑狀況。

查詢顧客評鑑時，大家都會先注意五星級評分的綜合得分吧！

許多讀者會直觀地認為「四分以上才合格」、「三分的話，就會考慮要不要先放棄」。

然而，從我的立場來看，五星評分的綜合得分幾乎沒有參考價值。雖然三點多分會讓人感到很糾結，但我重視的並不是綜合得分，而是「五星與一星的分散程度」。也就是說，我會選擇「五星」與「一星」兩種評分都很多的商業書。

評價之所以會分散為「五星」與「一星」，表示讀者對作者的觀點或見解分為「讚毀兩派」。這種情形從「讀觀點」來說，是非常好的狀態。

因為，從「讀觀點」的觀點來看，內容本身好壞另當別論，只要能從該本商業書中獲得「自己沒有的觀點」，就可以說是「對自己而言的好書」。

步驟五 查詢「顧客評鑑」的評論內容

最後要來查詢的是顧客評鑑中的評論內容。

我將顧客評鑑的種類大致區分為以下三類。

① 情緒性的評論
② 以自我為中心的評論
③ 客觀性的評論

① 情緒性評論

第一種是「情緒性的評論」，泛指毫無理由隨意評論、失去冷靜，採用極為情緒性字眼的評論內容。

比方說，典型的評論如下。

「這本書簡直是垃圾，讀了就是浪費時間」
「典型的廢作。連一千元日幣的價值都沒有」

「我再也不想買這位作者寫的書了！」

這種評論多半是出於「釣魚式書名」所造成的。不論是否因對書名有所期待而付錢買書，當「書名與內容差異太大」時，讀者就會感到「被騙了」而憤怒，因而寫下情緒性的評論。

你想選的商業書，若出現一些情緒的評論時，請回顧前述的「確認目次」、「確認〈前言〉的本書結構」等，藉此確定「內容是否真的有符合自己期望的內容」。

②以自我為中心的評論

接著，第二種是「以自我為中心的評論」。

所謂「以自我為中心的評論」是指沒有站在「讀取評論者的立場」，而是完全「以自我為中心」寫下的評論。

比方說，典型的像是以下這種評論。

「內容了無新意」

「寫的都是一些我已經知道的事情」

「內容淺薄」

「內容了無新意」的評論意味著，對「評論者本身而言」並沒有新意。然而，不得而知是否能適用於其他人，是否能令人耳目一新，這會因為每個人各自擁有的前題知識而不同。

所謂評論，本來是指應有「能幫助閱讀評論者選書的內容」，可惜的是上述評論並沒有站在「讀取評論者的立場」。因此，從我的角度來看，幾乎不會拿來參考。

③客觀性評論

我認為最值得參考的是「客觀性的評論」。

客觀性的評論是指根據書籍內容，提出「這些地方應該很有幫助」等，能夠傳達給讀取評論者，讓他們知道該書優、缺點的評論。

比方說，像以下這種評論。

「書中寫出許多商務現場發生的真實案例，很有實務上的參考價值」

「能夠系統性的彙整理論，可以當成行動方針」

「因為沒有寫出具體案例，所以難以理解、想像」

像這種一邊針對「書籍內容」的「客觀事實」提出評價，並且談論到「某些部分應該很有幫助」的內容非常令人感謝，具有很大的參考價值。

顧客評鑑的內容就是如此良莠不齊。

因此，請務必參考「情緒性評論」、「以自我為中心的評論」、「客觀性評鑑」的分類，提升專屬於自己的「評論素養」、找出更優質的商業書。

商業書選書專用的「商業技巧地圖」

讀到這裡，各位對於「商業書的選擇方法」應該大致上可想像了吧！

另一方面，或許有些人是「一開始不知道該閱讀什麼商業書比較好、根本毫無頭緒」。

因此，在此為了讓大家能參考如何選擇商業書，介紹我想的「商業技巧地圖（Business Skill Map）」（圖14）。

請把「商業技巧地圖」視為學會能幫助自己、系統的整理出商業技巧的地圖。

如果可以參照「商業技巧地圖」，並且從中發現「自己不足的能力」或「自己想培養的能力」，就能對選擇商業書有幫助。

然而，在本書並不會具體提出建議的商業書名。因為，本書並非書評書，而且「商業書的選擇方法」也是你應該學會的重要技巧之一。

圖 14　商業技巧地圖整體樣貌

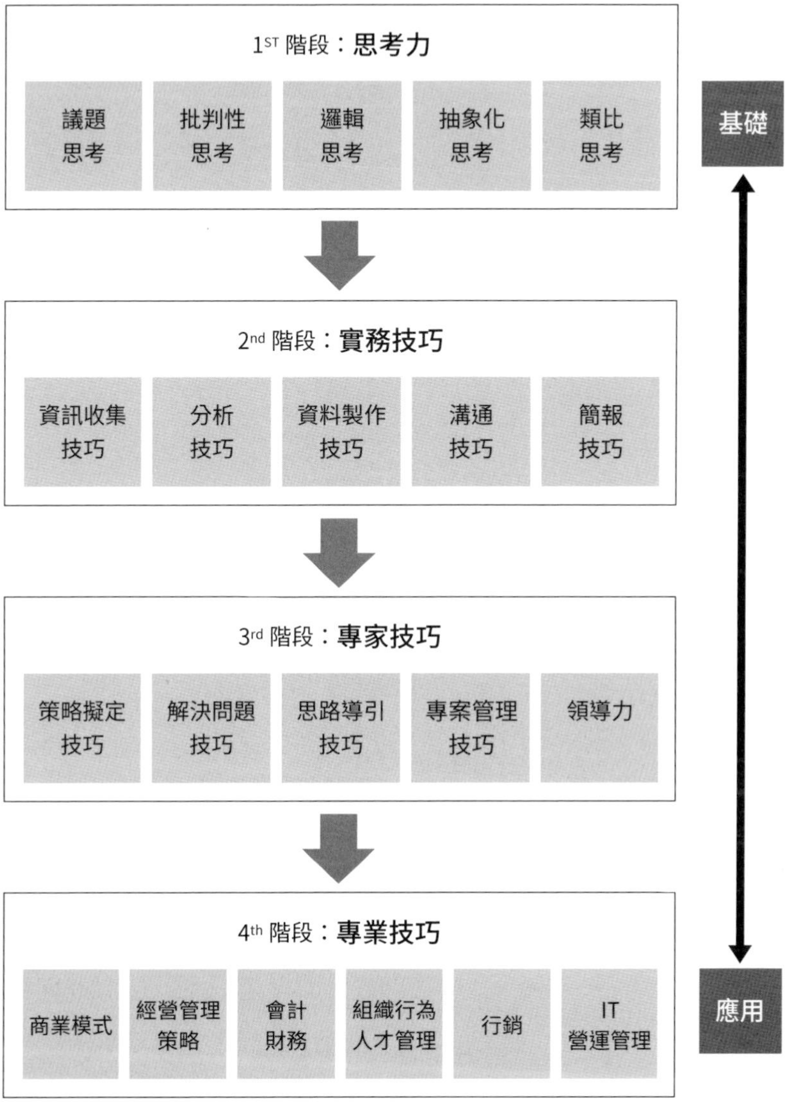
1ST 階段：思考力
議題思考
批判性思考
邏輯思考
抽象化思考
類比思考
基礎
2nd 階段：實務技巧
資訊收集技巧
分析技巧
資料製作技巧
溝通技巧
簡報技巧
3rd 階段：專家技巧
策略擬定技巧
解決問題技巧
思路導引技巧
專案管理技巧
領導力
4th 階段：專業技巧
商業模式
經營管理策略
會計財務
組織行為人才管理
行銷
IT營運管理
應用

請務必以「商業技巧地圖」為基礎，參考先前提及的選書術，形成自己個人專屬的「商業書選擇方法」。

思考力　商業技巧地圖的第一層

如同先前已提及多次，人類會在大腦所能思考的範圍內，設定自己的行動界線。商業活動涉及多種不同的領域，如：

- 資訊收集
- 分析
- 洽談
- 資料製作
- 提案

然而，根本的是以下這些思考力：

●「要收集什麼資訊」的思考力。
●「要分析什麼」的思考力。
●「要洽談什麼」的思考力。
●「要製作什麼資料」的思考力。
●「要進行什麼提案」的思考能力。

如果思考力不足，即使在商業書中學習到了上述的何種能力，「都只是單純複製、再現書中所寫的內容而已」，無法將「所寫的東西（透過自己的大腦思考後）應用出來」。

偶爾會看到煩惱於「拚命閱讀商業書，卻一直學不會」的人，通常原因都出於「思考力不足，所以無法將從商業書中學習到的東西，應用在實務上」。

也就是說，只停留在「知識的背誦」。

思考力位於所有商業技巧的基礎位置。

也就是說：

思考力若不足→其他何種商業技巧也無法提升。

基於這樣的關係，如果你覺得「自己的思考力不足」，那麼「思考力」肯定是要先學會的能力。

那麼，到底應該如何學會「思考力」呢？

☆議題思考（＝論點思考）

我在第三章中曾提過，所謂的「議題」泛指「應該要黑白分明的重要問題」。

在商場上，如果弄錯了「應該要黑白分明的重要問題」，意味著弄錯了「應該思考什麼」。如果弄錯了「應該思考什麼」，「一開始的思考方向就會遠離目標」，因此解出來的答案當然也會是錯的。

這樣一來，思考事物時，最重要的就是要在「正確解出答案」之前，「釐清原本就應該黑白分明的問題」。

如果你能透過商業書獲得許多「觀點」或「準則」，就能學會「不會弄錯應該思考什麼」的能力。

☆批判性思考

「批判性思考」是指不會對事物囫圇吞棗、能提出適當質疑的思考力。若與前一個「議題思考」相關連的話，可以說是「質疑該議題是否適當」的能力。

如果你可以透過商業書、學會批判性思考的話，就可以顛覆過去認為理所當然的事物或常識、發現事物的新面向。

用另一種方式來說明，就是不會被困在單一面向，可以運用各種中立的角度去思考，可以說是能夠開拓新可能性的能力。

未來時代企求的並非「能夠把已經決定的事物正確做對的人才」，而是「能夠用自己的大腦思考、產生新價值的人才」。掌握此關鍵的就是批判性思考。

☆ 邏輯思考

「邏輯思考」指「對事物能系統性的整理、條理分明且不矛盾的思考方法」。

前述的「議題思考」、「批判性思考」是與「應該思考什麼」相關的能力，而「邏輯思考」則可以說是與「應該如何思考」有關的能力。

如果你能透過商業書學會邏輯思考，應該就有助於大大提升「分析能力」、「解決問題能力」。

世界上許多現象都是由各式各樣的必要條件複雜交織而成，如果只是漠然地掌握「整體」，將難以獲得有益的啟發。

想要正確分析世界上的現象，僅將它當成「整體」來處理是不夠的，必須「咀嚼各個必要條件」，並且更進一步深入挖掘「它們關係會產生什麼變化」。

如果能夠精通邏輯思考，就能針對許許多多的現象或問題「適當地拆解必要條件」、「釐清必要條件之間的關係」、「引導出適當的判斷與因應對策」，就能提高分析能力。

而且，也可隨之提升解決問題的能力。

之所以有「問題」，一定存在著引發問題的原因。只要沒有針對原因去思考解決對策，那麼所有的策略都只是支持性療法。

結果就會因為無法真正去除原因，導致因應對策的成效有限，總有一天同樣的問題還會再度浮現。

根據前述內容，我覺得可以將「解決問題」理解成必須要能夠掌握以下兩點的能力：

- 鎖定問題的發生場所（＝整體與部分的連帶關係）
- 鎖定問題的根本原因（＝整體與部分的因果關係）

因此，如果可以透過商業書精熟邏輯思考，就能夠運用「邏輯樹」等的理性思考架構，從邏輯上鎖定問題的發生場所，並且探究根本的原因。

☆ 抽象化思考

你若是讀到這裡，應該已經了解「抽象化思考」的意義了。

所謂「抽象化思考」是指「從個別、具體的事物中抽離，可在更應用廣泛的廣義上捕捉概念」。如果能學會「抽象化思考」，就可獲得「富有彈性的發想能力」。

可惜的是，光看「個別、具體的事物」，並無法獲得有彈性的發想能力。因為「個別、具體的」是指將目光朝向非常有限且狹隘的範圍，不能看到周圍其他更廣大的範圍。

另一方面，如果可以自由自在地活用抽象化思考，就可脫離「個別、具體的」狹隘的範圍，並且擴大應用範圍、更易於廣泛的發想。

經常有人說「日本企業擅長改善，拙於創造與創新」。這句話可以解釋為日本人對改善眼前可見的「個別、具體事物」很拿手，但相反地卻不太擅長掌握看不見的「概念」、不太會創造新的概念。

能夠妥善運用抽象化思考，應該會比以往更容易產生點子或創新。

☆ 類比思考

「類比思考」是指將「個人所知的知識或經驗」嵌入並應用至「自己未知領域」的思考方法。

你是否曾經在新創企業創業者的專訪文章中，讀過「透過玩樂得到工作靈感」、「在玩樂時，突然冒出新商機的發想」呢？

這些指的都是他們能夠將從「遊戲」中獲得的學習，運用在完全迥異的領域「事業」上。

此外，大企業經營管理者偏愛閱讀「戰國武將的書籍」或「運動教練寫的書」，因為他們想從不同領域得到的學問，活用、應用於自己的公司業務上。

這種能夠「類比思考」的人，擁有將從所有事物中獲得的學問，應用在相異領域的能力。

因此，比起無法類比思考的人，他們的特徵是能夠從一個經驗得到數倍之多的學習量。

此外，因為他們也能把其他業界的成功案例應用在自己公司，發想幅度較大也是特徵。進行腦力激盪等活動時，他們也可把從過去案例或其他業界案例所學到的東西，比對自己公司來思考。

反過來說，不擅於類比思考的人，由於沒有從個人經驗「導引出學習、應用的習慣」，就只能夠分別用「這個是這個、那個是那個」來思考。因此，發想的幅度比較窄，也不利於應用。

所以，如果想要從各種領域學習、擴大學習的應用範圍，「類比思考」可以說是必要且不可或缺的思考能力。

實務技巧　商業技巧地圖的第二層

接著，說明商業技巧地圖的第二層「實務技巧」。

如果能學會「實務技巧」，就可在各式各樣的商務場合中，順利進行實際的業務。此點很重要，所以我反覆提及「實務技巧」到頭來就是「思考力」的結果。

因為「思考力若不足↓其他何種商業技巧也無法提升」，基於這樣的關係，如果感到自己「實務能力不足」，我建議不要只質疑自己是否「實務技巧不足」，而是同時試著懷疑是否也可能「思考力不足」。

☆ 資訊收集技巧

我想商務人士的許多時間都耗費在「調查什麼」的資訊收集上。因為不論何種工作都必須從「先正確掌握現況」開始。

然而，資訊收集的目的並非為了「收集資訊」而已。

一般來說，資訊收集是要建立「收集資訊」→「整理資訊」→「解釋資訊」→「判斷事物」的條理。

也就是說，「資訊收集」在協助「判斷」上開始才有價值。

愈是認真且仔細的人，愈容易把目的當成「完整地收集資訊」，反倒容易忘記原本的目的應該是「收集資訊是為了有助於判斷」。結果，花了很多時間在收集資訊，容易陷入「分析或收集資料時間不足」的狀態。

如果能透過商業書學會「資訊收集力」，應該就可以在有限的時間內，掌握「有助於判斷的必要最低限度的資訊」，從較高優先順位的資訊依序收集。

☆ 分析技巧

由於網際網路廣泛滲透全世界，現在已進入默默取得資訊或檔案的時代。有一種說法是流通於全世界的資訊量，已經比存在世界的砂粒數還多。

另一方面，當資訊或檔案愈變愈多，只會變得更難以處理，因此「擁有適切分析觀點」的重要性與日俱增。

然而，說是「分析」，如果不能夠理解「什麼、做什麼」，就只能夠呆呆地站在龐大的資訊或檔案前，不知所措。

所謂「分析」是指「將複雜的事物拆解成單一必要條件或成分，讓該結構組成等變得更為明確」。

這樣一來，想要獲得優異的分析結果，就無法忽視「整體」，必須「一一推敲各個資訊或檔案」，甚至還必須進一步挖掘「各個關連性會如何變化」。

常見的狀況是進入分析工作後，「分析」本身很容易變成「目的」。

然而，如果能夠透過商業書理解「正確的思考過程」、「正確的邏輯」、「正確的分析順序」，應該就可以產出與決策或行動方案連動的「優異分析」。

☆資料製作技巧

有一種資料製作方法是轉化為「商務成果」。

因為「提案」、「報告」、「談判」等商務往來，大多會透過資料或文件進行。

再怎麼厲害的企畫案，如果無法讓周圍了解其中的優點，最後也只是「讓企畫案無疾」告終。反過來說，並非「企畫成案」就結束了，而可以說「能讓周遭了解企畫案的優點」也屬於企畫成案的流程。

既然如此，為了「讓他人了解企畫案優點」的「資料製作技巧」就變得相當重要，這應該是顯而易見的道理。

透過商業書學會「為了實現目的，資料應該如何製作」的資料製作技巧，應該就有辦法打造出「能撼動他人的資料」、「能推動計畫進行的資料」。

☆溝通技巧

據說工作的煩惱有九成都來自於人際關係。

「商業」歸根究柢就是「人與人的關係經營」，因此如果能夠與立場不同的對象擁有良好的溝通，除了可以提升自己的評價，當然有時也會影響商業行為的結果。

「溝通技巧」是指建立彼此共識、建構信賴關係的能力。

在此，我希望大家不要誤解的是「溝通技巧」與「資訊傳達能力」之間的相異點。「資訊傳達能力」的施力點在於「正確傳達資訊」，而「溝通技巧」則著重於「與對方建立關係」。

也就是說，溝通時最重要的並非「自己想要傳達的內容是否確實傳達」，而是

「對方想聽的內容是否確實傳達」。溝通的本質並非「傳達能力」，而是「對對方的想像力」。

如果能透過商業書提高溝通技巧，你就可脫離原有的想像，去思考「對方所處的背景」。這麼一來，就有辦法和對方達到正確的意思溝通，應該就可以戲劇性的提升工作生產力。

此外，由於能夠改用開放的態度去與對方接觸，即使對方與自己的意見不同，也可以從中獲得各式各樣的學習吧！

「與自己的意見不同」等同於「自己未知的觀點或準則出現在眼前」。如果能夠經常保有開放的態度，應該就能夠獲得「自己內心世界」未曾有過的嶄新觀點，並且拓展自己的世界。

☆簡報技巧

不論是多麼厲害的提案，如果表達方式不佳，就無法讓人正確評價價值。

簡報技巧是對顧客或公司內部人員傳達提案的價值、讓大家願意有所動作的重要技能。

然而，大家是否以為簡報的目的是為了「厲害地傳達」，所以必須拚命地「讓對方理解」？或者，各位認為只要能夠傳達「正確的內容」，對方就能夠相信、理解自己，我們就能夠說服對方？

簡報的目的在於讓聽者能夠理解談話內容，並且實際付諸行動。然而，人類「只有正確理解」是無法付諸行動的。

如果能夠透過商業書學會簡報技巧，你的簡報就不只是「製造認同」，而是可以「製造期待」。如此一來，自己提案的價值就能夠獲得正確的評價，應該就比較容易連結到下一個行動方案。

專家技巧　商業技巧地圖的第三層

進入商業技巧地圖的第三層是「專家技巧」，意指「能夠從更高的角度思考的能力」，或者是「能夠參與週遭、推動事物的能力」。

與第二層「實務技巧」的差異在於，應該思考的事物變得更有高度、更多面向，而且其中很重要的一點是必須讓很多人參與其中。

在這層意義上，這是結合「思考力」與「實務技巧」的「綜合性藝術能力」。若能學會專家技巧，就可期待自己突破單打獨鬥、能領導團隊並達到高成果的目標。

☆策略擬定技巧

不論何種企業，能夠運用的經營管理資源都有限，我們必須從中創造成果。這時候，就必須要有「策略」。

「策略」是指「為了取得更高成果，將經營管理資源集中在何處較為恰當」的答案，換句話說也可以說是「贏的方針」。不論在何種商務情境下，都必須先以「策略」決定商業的方向性；「戰術」則是扮演讓事物加速前往該方向的角色。

也就是說，不論「戰術」多厲害，只要「策略」錯誤，「商業行為就會朝錯誤的方向加速前進」，當然就會產生貧瘠的成果。

以閱讀商業書當成契機，若能學會「策略擬定技巧」，應該就可以綜合性地考量外部環境變化或競爭企業的動向、自己公司的強項等，制定出「贏的方針」。

☆解決問題技巧

聽到「問題」，各位會想到什麼呢？

實際上，在商務世界裡可以把「問題」大致分為三種。

第一種是已經發生的「發生型問題」。

比方說，競爭對手的商品大降價，造成自家商品銷售量開始下滑等，即是典型的「發生型問題」。由於已經可以看到異常徵兆，比較容易發現問題。

第二種是今後應該會發生的「潛在型問題」。

例如，對於幾年後確實可預見的環境變化，推測自己公司的因應能力可能不足等，即是典型的「潛在型問題」。

第三種是為了接近崇高理想而自我設定的「設定型問題」。

舉例來說，為了實現自己公司所提出的願景，設定「是否有不足之處」等，即是所謂的「設定型問題」。

用這種方式去思考，所謂的商業可以說就是不斷在解決問題。

如果能夠透過商業書學會解決問題的技巧，那麼不僅是「發生型問題」或「潛在型問題」，甚至連「設定型問題」都能夠獲得解決，應該就可以將周遭所發生的事情導向更理想的狀態。

☆思路導引技巧

近年來，為了產出未曾有過前例的「創新成果」，以跨部門專案或工作坊等希望以創造性的方式去解決問題的需求有增加的傾向。

想要創造性的解決問題，拋出「具創造性提問」的思路導引技巧必要且不可或缺。因為所謂的「創造性」是指顛覆每個人的先入為主或僵化的觀念，因此必須要有「能夠撼動固定觀念的提問」。

如果能透過商業書學會思路導引技巧，那麼別說是「創造性的解決問題」，還應該能有助於處理「部門間共識形成」、「參與式學習」、「組織變革」等各式各樣的情境。

☆ 專案管理技巧

現在有許多企業被迫面對工作只有「日常固定業務」的限制。

因為，隨著市場日趨成熟、世界變化激烈的結果，「解決不屬於任一部門的問題」或「以跨部門方式產生新價值的挑戰」有其必要。

因此，跨部門組織組成的「專案工作」，以及為了順利進行專案的「專案管理技巧」的重要性日益增加。

日常固定業務追求的是「藉由重複執行業務產生的穩定成果」。另一方面，專案工作追求的則是「無法透過過去做法獲得的獨特成果」，差異可說相當之大。

追求「無法透過過去做法獲得的獨特成果」，因為是「過去沒有的」，所以之前沒人做過，意味著難以事先預期「未來會發生什麼事情」。也就是說，我們必須要有

「在未來具體狀況不明確的情況下，能夠繼續執行專案的能力」。

如果能夠透過商業書學會專案管理技巧，應該就可以經常走在專案前面，與富有多樣性的專案成員維持一致的行動，並且有能力適當地推動專案持續進行。

☆領導力

當你卸下「工作職稱」或「頭銜」時，還有多少人願意繼續跟在你身邊呢？

「管理」是指「基於職務上的地位，促使他人工作」；「領導力」則是「以人的魅力，促使他人工作」，想要藉由「地位、權限以外的任何方法」推動他人行動，擁有領導力可說是必要且至關重要的。

在此，我希望各位不要誤解，領導力並非領導者、管理職才需要有的能力，而是每個團隊成員都該有的。

不論站在任何立場、處在任何局面，每一個人都需要有可因應周遭情況，讓現況朝更好方向前進的領導力。

然而，領導力已跨越許多時代，大家在商業、政治、教育、軍事等各種領域都已經研究過，然而迄今仍無法明確定義「就是這個」。

環顧書店，雖然充斥著形形色色的「領導力相關書籍」，但換個角度想，可能還是得面對「明明我想獲得領導力，卻尚未擁有決定性的必要條件」現實上的無奈。

所謂領導力，極端來說就是「人與人之間的關連性」。既然每個人都有不同的個性，那麼就沒有完全符合情境、絕對、確實的「領導力」存在。

然而，如果能夠透過商業書，事先理解「領導力」的各種「思維」，再加上「個人專屬個性」、「團隊成員個性」、「目前所處情況」等，或許就能夠找出屬於自己的「領導力樣貌」。

專業技巧　商業技巧地圖的第四層

商業技巧地圖的最後一層，也就是第四層的「專業技巧」。參考比對MBA的領域後，可以列舉出以下幾種專業技巧。

- 商業模式
- 經營管理策略
- 會計、財務
- 組織行為、人才管理

- 行銷
- ＩＴ、營運管理

當然，除了前述這些能力，也會因為所屬企業或部門的差異導致應該磨練的專業技巧更加複雜與分歧。

在此我希望各位務必回想一下，第一章中我們曾經提及「不論做任何事情都很優秀的十項全能者」。

我之前說過，他們的真面目是「是否擁有應用力」，而「應用力」是指「能使用已獲得的知識，對應其他事物的能力」。

若只光學「專業技巧」，往往容易變成「只知其一不知其二」、「光說不練」、「博學多聞的萬事通」。

講出來也不怕大家誤解，「專業技巧」只不過是學會「思考力」、「實務技巧」、「專家技巧」後尚未沉澱的能力。

反過來說，如果先學會「思考力」、「實務技巧」、「專家技巧」，再學會「應用領域」的專業技巧，就能夠跨越「只知其一，不知其二」的困境，甚至可能因此成長為「該領域的專家」。

後記　成長與腦袋好無關

我過去曾任職於廣告代理商和外商諮詢顧問公司。這兩種行業的共通點是完全沒有「實體販售物品」。

既然如此，大家就必須經常啟動「思考力」，引發發想與邏輯，並且持續提供高價值的產出，才能夠獲得相對應的報酬。

也就是說，每一個人都必須「盡快」、「盡可能以高水準」來提升思考力，這對團體來說，非常重要。

說完這些話，我經常會受到誤解：「因為你是廣告代理商，所以發想能力本來就很強吧」、「因為你待過諮詢顧問公司，所以本來腦袋就很聰明吧」等。

然而，其實根本沒有那樣的事情。

我畢業的大學絕非大家認為偏差值高的大學。大學畢業後的第一份工作是在一間「僅有二十名員工的廣告新創公司」，乍聽之下好像不錯，但公司的真實狀態卻是「亂七八糟的中小企業」。

再者，轉換跑道到了第二間公司後，卻又遇到公司因高額負債、讓人擔心會不會破產。我被目前任職的朝日廣告社（股）延攬後，又轉戰到外商顧問諮詢公司。而後「回鍋」，再次任職於朝日廣告社。

回想起來，我的職涯與其說是「一帆風順」，可能更接近「波瀾起伏」，我與所謂的「發想力豐富」、「腦袋聰明」、「在菁英路上直線前進」可以說是完全無緣。

即便如此，在此我可以篤定地告訴各位，我之所以能執筆撰寫好幾本商業書，靠的就是「十倍閱讀」。

在廣告代理商時期，我們經常被要求得提出令人耳目一新的概念。為了產出煥然一新的概念，就必須要輸入「耳目一新的觀點」，「讀觀點」即是我在廣告代理商職涯中，培養出來的閱讀方法。

另一方面，我任職於外商諮詢顧問公司時期，則是經常被期待「提出精準度較高的假說」與「具備思考邏輯」。因此，能提供助益的可以說就是「找準則」。

特別是我沒有豐富的想像力，也並非腦袋聰明，可以說是「多虧了十倍閱讀」，自己才能夠走跳到現在。

事實上，我閱讀商業書的方法不只是「讀觀點」與「找準則」。

除了「讀觀點」、「找準則」之外，在此我簡單提及自己正實踐的其他閱讀方法。

批判性閱讀

此方法是指並非被動地閱讀商業書，而是一邊閱讀、一邊經常懷疑「真的嗎」、「其他還有呢」。一般稱為「批判性思考（Critical Thinking）」。

在閱讀的過程，針對作者的見解或主張，經常提出懷疑、反證，藉此形成、培養出個人專屬的態度與見解。

表現式閱讀

從商業書中找出作者獨有的文章表現、做筆記的手法。

近年來，透過電子郵件、網路聊天室、部落格或社交媒體等媒介，增加了不少「撰寫文章」的機會。我因為會在部落格中寫文章，藉由實踐「表現式閱讀」也能磨練文章表現能力。

價值觀閱讀

你應該實際感受過人人都有各式各樣的價值觀吧。「價值觀的差異」有時會引發多樣性的觀點，相反地也會造成分裂與爭吵。

人有「優秀、差勁」、「喜好、厭惡」、「相信、不信任」等林林總總的價值基準，閱讀商業書時聚焦於作者的「價值基準」，即是所謂的「價值觀閱讀」。

進行「價值觀閱讀」時，可以從商業書的字裡行間，窺探商業書作者的價值觀，例如：

- 認為什麼是「優秀」，什麼是「差勁」？
- 「喜好」什麼，「厭惡」什麼？
- 「相信」什麼，「不信任」什麼？

從中學習到「理解多樣性、接受多樣性的能力」。

本書終於進入尾聲，承蒙多方人士對於本書出版所惠予的協助與支持。

非常感謝在本書出版之際，盡全力協助我的朝日廣告社股份有限公司熊坂俊一高階執行理事、石井弘益總部長、橫尾輝彥局長。也感謝在執筆期間，給予我各種鼓勵的朝日廣告社股份有限公司的策略規畫部門——佐佐木、水溜弥希、桐山忠介、關口純平、村田理紗、西尾茅隼、Jiang Huaan，以及搞笑藝人團體Bachiboko的平松幹也。

感謝妻子友香以及小孩：長男温就、長女Nodoka、次女Tsubomi的協助，讓我可以在假日寫作。

最後，必須且一定要感謝的是所有協助商業書出版上市的所有作者、出版社、經銷商、書店等的各位。以及其他同樣為此盡心盡力的諸位朋友，在此藉由這個機會表達我個人誠摯的謝意。

本書內容皆為個人見解，並非代表所屬機構之意見，特此說明。

二〇二一年七月

羽田 康祐　k_bird

參考文獻

羽田康祐k_bird《完全消除耗時工作的超效率聖經》（無駄な仕事が全部消える超効率ハック）
羽田康祐k_bird《提高解決問題能力的「推論」技巧》（問題解決力を高める「推論」の技術）
泉本行志　《3D思考》（3D思考）
谷川祐基《創造智慧　讓腦袋變聰明。變得更美好。》（賢さをつくる 頭はよくなる。よくなりたければ。）
細谷功《具體與抽象》（具体と抽象）
細谷功《元思維訓練　大幅提高發想力34問》（メタ思考トレーニング 発想力が飛躍的にアップする34問）
細谷功《類比思考》（アナロジー思考）
安澤武郎《向上一階的思考力》（ひとつ上の思考力）
木村尚義《狡猾思維　從零開始的水平思考入門》（ずるい考え方 ゼロから始めるラテラルシンキング入門）
安藤昭子《開啟才能的編輯工程：改變世界觀的10個思考方法》（才能をひらく編集工学　世界の見方を変える10の思考法）

苅谷剛彦《智慧型複眼思考法：每個人都能擁有的創造力關鍵》（知的複眼思考法　誰でも持っている創造力のスイッチ）
森博嗣《正確面對各種問題的思考法》（人間はいろいろな問題についてどう考えていけば良いのか）
安宅和人《從議題討論開始吧！：智慧型生產的簡單本質》（イシューからはじめよ――知的生産のシンプルな本質）
內田和成《ＢＣＧ派的論述假說思考：發現問題、解決問題的發想法》（仮説思考――ＢＣＧ流 問題発見・解決の発想法）
波頭亮《思考・思考邏輯・分析――「正確思考、正確理解」之理論與實務》（思考・論理・分析――「正しく考え、正しく分かること」の理論と実践）
後正武《決議的分析技術》（意思決定のための分析の技術―最大の経営成果をあげる問題発見・解決の思考法）
三谷宏治《瞬間傳授重點的重要技能》（一瞬で大切なことを伝える技術）
本田直之《槓桿式閱讀》（レバレッジ・リーディング）
Mentalist DaiGo《操控知識的超級閱讀術》（知識を操る超読書術）
樺沢紫苑《過目不忘的閱讀術》（読んだら忘れない読書術）
山口周《外商諮詢專家教你　閱讀與工作的連結技巧》（外資系コンサルが教える　読書を仕事につなげる技術）

金川顯教《藉由「閱讀方法」達成理想人生的閱讀革命》（「本の読み方」で人生が思い通りになる読書革命）

藤井孝一《閱讀可以讓「產出」達到99%》（読書は「アウトプット」が99%）

西岡壱誠《學會「閱讀力」與「掌控全局力」的東大閱讀法》（「読む力」と「地頭力」がいっきに身につく　東大読書）

Abataro《提升自我肯定感的OUTPUT閱讀術》（自己肯定感を上げる　OUTPUT読書術）

☆ 透過10倍閱讀方程式，在職場活學活用！

商業書10倍高效閱讀法

作者	羽田康祐　k_bird
譯者	張萍
商周集團榮譽發行人	金惟純
商周集團執行長	郭奕伶
視覺顧問	陳栩椿
商業周刊出版部	
總監	林雲
責任編輯	林亞萱
封面設計	柯俊仰
內文排版	林淑慧
出版發行	城邦文化事業股份有限公司 商業周刊
地址	104台北市中山區民生東路二段141號4樓 電話：(02)2505-6789　傳真：(02)2503-6399
讀者服務專線	(02)2510-8888
商周集團網站服務信箱	mailbox@bwnet.com.tw
劃撥帳號	50003033
戶名	英屬蓋曼群島商家庭傳媒股份有限公司城邦分公司
網站	www.businessweekly.com.tw
香港發行所	城邦（香港）出版集團有限公司 香港灣仔駱克道193號東超商業中心1樓 電話：(852) 2508-6231　傳真：(852) 2578-9337 E-mail：hkcite@biznetvigator.com
製版印刷	中原造像股份有限公司
總經銷	高見文化行銷股份有限公司 電話：0800-055365
初版1刷	2022年7月
定價	360元
ISBN	9786267099582（平裝）
EISBN	9786267099605（EPUB）／9786267099599（PDF）

Original Japanese title: INPUT・OUTPUT GA 10 BAI NI NARU DOKUSHO NO HOTEISHIKI

Original Japanese edition published by Forest Publishing Co., Ltd.
Traditional Chinese translation rights arranged with Forest Publishing Co., Ltd.
through The English Agency (Japan) Ltd. and AMANN CO., LTD.

國家圖書館出版品預行編目(CIP)資料

商業書10倍高效閱讀法：這樣選書、讀書、用書最有效率/羽田康祐
k_bird作；張萍譯. -- 初版. -- 臺北市：城邦文化事業股份有限公司商業
周刊, 2022.07
256面；17 x 22公分
譯自：インプット・アウトプットが10倍になる読書の方程式
ISBN 978-626-7099-58-2(平裝)

1.CST: 讀書法 2.CST: 學習方法

176.3　　111009255

藍學堂

學習・奇趣・輕鬆讀